Sophie Hellinger

Cosmic Power®, Familienaufstellung und Corona-Virus

Herstellung:
BoD - Books on Demand, Norderstedt

ISBN 978-3-947955-09-1

Inhalt

		Seite
I.	Statt eines Vorworts	5
II.	Cosmic Power® und Original Hellinger® Familienstellen	7
III.	Original Hellinger® Familienaufstellung zum Corona-Virus unter Einbeziehung von Cosmic Power® im Februar 2020	13
III.1.	Die Aufstellung	13
III.2.	Nachträgliche Berichte der Stellvertreter	34
IV.	Das Corona-Virus	41
V.	Meine Gedanken zur Corona-Krise	45
VI.	Die Macht der Überzeugung	49
VII.	Cosmic Power® und das wahre Glück in schwierigen Zeiten	57
VIII.	Sophie Hellinger beantwortet Fragen zur Corona-Krise	71
IX.	Bibliographie	75
IX.1.	Bücher von Sophie Hellinger	75
IX.2.	Bücher von Bert Hellinger	75
X.	Adressen	83

I. Statt eines Vorworts

Big planet, small world. Eine Menschheit.

Das Corona-Virus kennt keine Grenzen.
Es geht in jedes Land.

Das Corona-Virus kennt keine Hautfarben.
Es kann jeden treffen. Egal, ob schwarz, weiß oder gelb.

Das Corona-Virus kennt keine Klassen.
Es kann jeden treffen. Egal, ob reich oder arm.

Das Corona-Virus kennt kein Alter.
Es kann jeden treffen. Egal, ob jung oder alt.

Das Corona-Virus kennt kein Geschlecht.
Es kann jeden treffen. Egal, ob Mann oder Frau.

Das Corona-Virus erinnert uns daran:
Wir gehören alle zusammen.
Wir sind eine Menschheit.

Das trägt das Original Hellinger® Familienstellen seit Jahrzehnten in die Welt:
Für jeden Menschen gelten weltweit die Ordnungen der Liebe.
Jeder ist mit seiner Herkunfts- und Gegenwartsfamilie verbunden.
Egal, welcher Nationalität er angehört, welche Hautfarbe, welches Alter oder Geschlecht er hat.

Das Original Hellinger® Familienstellen ist universell, es weiß und beweist seit Jahrzehnten:
Wir sind eine Menschheit.
Jeder Einzelne ist darin aufgehoben.

Seit Jahrzehnten trägt das Original Hellinger® Familienstellen eine große Botschaft in die Welt:
Alle Menschen sind miteinander verbunden.
Lasst uns in Frieden und Liebe miteinander leben.

Big planet, small world. Eine Menschheit.

Erinnern wir uns in Zeiten der Corona-Krise daran.

Lasst uns jetzt und auch in Zeiten nach der Corona-Krise endlich danach leben.

II. Cosmic Power® und Original Hellinger® Familienstellen

Als mein Mann Bert Hellinger das Familienstellen begründete, revolutionierte er die Psychotherapie. Ja, sogar noch mehr: Er schuf ein Instrument, mit dem jeder Einzelne zu einem glücklichen, gesunden und erfolgreichen Leben gelangen kann. Gemeinsam haben Bert und ich das klassische Familienstellen zum Original Hellinger® Familienstellen weiterentwickelt, das heute ausschließlich nur noch an der Hellinger®schule weltweit gelehrt wird.

Jeder, der das Original Hellinger® Familienstellen erlebt hat, wird sich fragen: Was läuft hier ab? Wie ist das möglich? Woher nehmen sie diese Information?

Alle Ereignisse, alle Verbindungen einer Familie oder Gruppe sind wie in einem großen Gedächtnis gespeichert. Diese Informationen sind jedem einzelnen Mitglied zugänglich. Denn alle Mitglieder, gleichgültig ob lebend oder bereits verstorben, sind in einem morphischen Feld miteinander verbunden. Bei einer Original Hellinger® Familienaufstellung werden die einzelnen Mitglieder durch Stellvertreter repräsentiert. Sie treten dabei in das morphische Feld der jeweiligen Familie oder Gruppe ein. Die Folge: Sie fühlen und verhalten sich wie die Person, die sie vertreten. Geheime, belastende Dynamiken in einer Familie – oft über Generationen hinweg, einer Gruppe oder eines Unternehmens kommen ans Licht und können in ihrer Wirkung aufgelöst werden.

Einen entscheidenden Einfluss auf meine Arbeit mit dem Familienstellen hat die von mir entwickelte Energiemethode Cosmic Power® ausgeübt:

- Cosmic Power® eröffnet einen anderen Zugang zu unbekannten Ebenen. Das Original Hellinger® Familienstellen profitiert davon und gewinnt eine bis dahin nicht gekannte Tiefe.

- Weil alles, was einmal war, gespeichert bleibt, haben wir Zugriff auf alle Informationsebenen.

- Jeder Mensch ist kollektiver Speicher und Sender aller Informationen, und alles, was er je erlebt hat, bleibt als ein Teil des Ganzen erhalten. Aus diesem Grund hat er auch Anteil an allen Ereignissen in allen Zeiten und in allen Welten zur gleichen Zeit.

- Cosmic Power® erweist sich als guter Begleiter für das Gelingen des Lebens.

- Frühere Existenzen spielen auch heute noch eine Rolle für die relevanten Dynamiken unseres Lebens.

- Die Anwendung des Original Hellinger® Familienstellens unter Einbeziehung von Cosmic Power® überschreitet Raum und Zeit und eröffnet bisher Ungeahntes.

- Grundsätzlich tritt Cosmic Power® im Familienstellen auf der Informationsebene in Erscheinung, die Raum und Zeit überschreitet und den Menschen als Ganzes miteinbezieht. Keine der Aufstellungen ist wiederholbar noch technisch messbar. Bei einem gleichberechtigten Zusammenspiel von Cosmic Power® und dem Original Hellinger® Familienstellen ergibt sich eine bemerkenswerte Synergie, die Raum für Raum öffnet.

- Die Vorgehensweise der Achtsamkeit, Zentrierung, des Wohlwollens und der gesammelten Beobachtung und der Einbezug der ganzen Gruppe erzeugt eine potenzierende Wirkung im eigenen Körper und auf alle Anwesenden.

Was kann Cosmic Power® einem Hellinger® Familien-aufsteller bringen?

- Eine tiefere Wahrnehmung.
- Eine bessere Gesundheit.
- Den Kontakt zum Unterbewusstsein.
- Die Fähigkeit zum Entschlüsseln von Botschaften der Intuition.
- Er kann sich auf die innere Stimme verlassen.
- Ein selbstloser Stellvertreter zu sein.
- Sich als Werkzeug einer anderen Dimension zur Verfügung zu stellen.

Ein Cosmic Power®-Geübter verlässt sich nicht auf die Informationen und Symptombeschreibungen des Klienten; er hat direkten Zugang zum Feld aller Informationen.

Er kann mehr sehen als offensichtlich ist. Er kann mehr erlauschen als das Gehörte.

Raum und Zeit heben sich auf. Er tritt in die Leere ein, die alles umfasst und wird selbst zum „Nichts", das gleichzeitig alles ist.

Ein quantenphysikalisches Gesetz besagt, dass Energie weder erschaffen noch reproduziert, sondern nur verwandelt, aber nicht entwickelt oder vernichtet werden kann. Sie ist in unserem Herzen und unseren Zellen integriert, sie interagiert und kann sich nicht mehr auflösen. Nichts kann diese Energie jemals wieder aufheben. Sobald sie uns erreicht hat, bleibt sie auch bestehen. Nur Verwandlung und Transformation sind möglich.

Bei Cosmic Power® geht es um Energie, Geist und Bewusstsein sowie um den Kontakt mit der universellen Matrix. Für jeden Menschen mit Respekt, Disziplin und Ausdauer ist diese

Art der Kommunikation erlern- und erfahrbar. Das grundlegende Gerüst dafür bilden bei Cosmic Power® eine ganz bestimmte Atemtechnik und bestimmte Arten der Meditation sowie der Berührung. Das tägliche Praktizieren ist unabdingbar und führt zu einem erweiterten Bewusstseinszustand. Bei regelmäßiger Durchführung gelangt man zu einer sonderbar anmutenden Hellsichtigkeit, Hellhörigkeit und Weisheit sowie zu innerer Freiheit. Damit ist die neutrale, wertfreie Haltung geboren und kann in Aktion treten. Wie leicht und einfach das Leben ohne Bewertung doch sein kann, ist täglich spielerisch erlebbar.

Dabei geht es in erster Linie darum, sich mit den kosmischen Kräften zu verbinden und sich dienend zur Verfügung zu stellen. So taucht man über die Atmung wieder und wieder in den Urzustand als ein Teil allen Seins ein. Dabei wird in erster Linie die persönliche Bereitschaft gefordert. Ist diese durch das Dienen einmal erwacht und vorhanden, können wahre Wunder erlebt werden. Der Friede ruht in der eigenen Seele.

Das ständige Praktizieren der Übungen von Cosmic Power® befähigt jeden, das Leben in der Mannigfaltigkeit seiner Spektren zu erkennen und einen bewussteren, erfüllten Lebensweg zu gehen. Dabei eröffnet sich eine unerschöpfliche Menge an Möglichkeiten. Jeder einzelne Schritt führt zum nächsten und immer tiefer und tiefer in unser Unterbewusstsein. Dabei werden wir gleichzeitig zu ungeahnten Ergebnissen und Lösungsansätzen geleitet.

Cosmic Power® lädt jeden Menschen ein, das zu suchen und zu finden, was er in seinem tiefsten Inneren in Wirklichkeit ist. Nämlich ein geistiges, bioelektrisches, magnetisches Wesen, das über den Körper im Leben seinen Ausdruck finden will. Die damit einhergehenden Möglichkeiten sind um so vielfältiger und weitaus größer, als man sich je vorstellen kann. Denn die Begrenzung aller Möglichkeiten erfolgt immer im eigenen Geist.

Jeder Mensch ist von Geburt an ein unbegrenztes Wesen. Jeder Mensch ist in der Lage, grenzenlos zu agieren sowie seine Wahrnehmungen, sein Sein, seine Empfindungen und Sinne weit über das Alltägliche hinaus auszudehnen. Wer bereit ist, diesen Weg zu gehen, wird bald erkennen, dass jeder Mensch in seiner Ursprünglichkeit ein unbegrenztes Wesen ist und für jeden bedingungslos ALLES möglich ist. Jeder hat die freie Wahl – überall und jederzeit. Jeder kann sein inneres Gefängnis, bestehend aus Konditionierungen, Erfahrungen, Überzeugungen, Eingrenzungen und Limitierungen seiner Gedanken sowie Gefühle, verlassen. Jeder kann sich aus diesem Gefängnis selbst befreien, um seinem Leben als ein grenzenloses, göttliches, unbegrenztes Wesen Ausdruck zu verleihen. Wunder sind nicht außerhalb von uns, wir selbst sind das größte Wunder. Wenn wir diesen Kanal in uns einmal geöffnet haben, wird die reine Vorstellung schon zur Realität.

Viele Menschen gehen davon aus, dass alles begrenzt und limitiert ist. Doch das sind Vorstellungen, die mit der durch Cosmic Power® vermittelten Wirklichkeit nicht vereinbar sind. Beurteilungen und Unterscheidungen halten uns davon ab, uns in die vorhandenen Ebenen einzuklinken. Zu sehen, zu fühlen und zu hören und zu handeln. Aber nicht mit den Augen, den Ohren und den Händen, sondern astral mit der Weisheit des Herzens.

Der bio-elektrische Mensch ist ständig gleichzeitig Sender und Empfänger. Wenn wir uns dessen im vollen Umfang bewusst sind, dann nutzen wir beide Seiten der Polarität, den Plus- und den Minusteil. Wir pendeln ständig hin und her. Und kurzfristig können wir unsere Ganzheit fühlen.

Ganzheit heißt hier: Gemeinsam sind wir stark, gemeinsam überschreiten wir Grenzen, schaffen alles und lassen uns von den vorgegebenen Vorstellungen und Einbildungen in unserem Leben nicht weiter blockieren. Wir können erkennen, was und wer wir wirklich sind: nämlich grenzenlos machtvoll und ewig. Wir können diese Lebenshaltung einüben, praktizieren und erleben. Wir können Traumata und Dramen aus unserem Leben überschreiben und hinter uns lassen, um so auf dem Weg des eigenen Heils sowohl auf geistiger als auch physischer Ebene durchs Leben zu gehen.

Mit Cosmic Power® als Basis unserer Lebenshaltung und Werkzeug gelingt es uns, aus der Dynamik des Gefangenseins und der Unmündigkeit auszusteigen. Wir sind in der Lage, auf eine andere Art Gedanken und Gefühle aus einer bis dahin unbekannten Informationsquelle zu empfangen – ohne Polarität und aus dem reinen Bewusstsein, da dieses weder bewertet noch verurteilt. Es nimmt alle Dinge so an, wie sie sind, nämlich als einen möglichen Aspekt des Lebens. Der wiederum führt zu neuen Perspektiven. Wir sind angelangt, wenn wir sogar die sonderbarsten, verschiedenen Sichtweisen und Deutungsweisen für möglich und interessant halten und selbst weiterhin neugierig bleiben. Jedoch ohne Bindung, Forderung und Festlegung. Allerdings für alles, so wie es ist, und wie es sich zeigt – mit einer großen Dankbarkeit und Liebe.

III. Original Hellinger® Familienaufstellung zum Corona-Virus unter Einbeziehung von Cosmic Power® im Februar 2020

III.1. Die Aufstellung

Sophie Hellinger: Ich sammle mich in Richtung dieser Bewegung. Es ist eine Bewegung, die irgendwo im Nichts ist. Sie ist nicht zu sehen, sie ist nicht zu greifen, und sie ist eine Bedrohung. Wir wissen ja nicht, was in China abläuft. Wir bekommen gar nicht die Nachrichten. Ich weiß nicht, ob es so etwas auf der Welt schon einmal gegeben hat. Die Panik, die Geisterstädte, in denen man sich sonst vor Menschen und Verkehr nicht bewegen kann.

Sophie Hellinger blickt sich um und wählt einen Teilnehmer aus. Er stellt sich in die Mitte des Raumes.

Sophie Hellinger: Du vertrittst die Aktion, die gerade in China stattfindet, das Virus.

Sophie Hellinger wählt vier weitere Personen aus dem Auditorium aus.

Sophie Hellinger: Ihr seid die Vertreter der chinesischen Bevölkerung. Schaut, wo ihr zu stehen habt.

Die Stellvertreter der chinesischen Bevölkerung suchen ihren Platz. Sie stehen auf der linken Seite in verschiedenen Abständen nebeneinander. Alle blicken auf den Stellvertreter des Virus.

Sophie Hellinger wählt drei weitere Personen aus. Sie stellen sich auf der rechten Seite nebeneinander hinter den Stellvertreter des Virus. Sie schauen in Richtung der Vertreter der chinesischen Bevölkerung.

Sophie Hellinger zu den drei Stellvertretern: Ihr seid die Stellvertreter der Weltbevölkerung.

Der Stellvertreter des Virus steht zwischen den Vertretern der chinesischen Bevölkerung auf der einen Seite und den Vertretern der Weltbevölkerung auf der anderen Seite. Er blickt zu Boden, wendet sich um und schaut die Stellvertreter der Weltbevölkerung an.

Sophie Hellinger zur 3. Vertreterin der Weltbevölkerung: Bitte sei gesammelt und ohne jede Absicht. Okay, dann setz dich.

Sophie Hellinger wechselt diese Stellvertreterin aus.

Der 1. Stellvertreter der chinesischen Bevölkerung tritt aus der Reihe und geht unsicher auf wackeligen Beinen auf das Virus zu. Das Virus wendet sich von ihm ab, neigt seinen Kopf nach unten weg und blickt zum Boden. Dann legt das Virus seine Hand auf die Schulter des Chinesen und schaut auf dessen Rücken.

Sophie Hellinger wählt eine 5. Stellvertreterin für die chinesische Bevölkerung aus. Sie tritt in die Aufstellung. Die 5. und die 2. Stellvertreterin der chinesischen Bevölkerung gehen auf die Knie. Beide schauen hinauf zum Virus.

Der 1. Stellvertreter der chinesischen Bevölkerung löst sich aus der Berührung des Virus, macht einige wackeligen Schritte in Richtung der 3. Stellvertreterin der Weltbevölkerung, bleibt lange in der Schrittstellung auf dem Standbein zögernd stehen, wobei sein hinterer Fuß vom Boden gelöst ist. Das Virus stößt zweimal mit seinem Fuß gegen den Fuß des Chinesen.

Der Chinese beginnt daraufhin zu schwanken und geht zu Boden. Sein Blick fixiert den Boden. Er bleibt kniend auf einem Bein in der Hocke.

Die 5. Stellvertreterin der chinesischen Bevölkerung kniet und lässt sich umfallen. Die 2. Stellvertreterin der chinesischen Bevölkerung kniet ebenso, beugt zunächst ihren Oberkörper nach vorne und fällt wenig später ebenfalls ausgestreckt auf den Boden. Auf dem Bauch liegend, hält sie Arme und Hände schützend um ihren Kopf.

Die 4. Stellvertreterin der chinesischen Bevölkerung kniet sich tröstend neben sie.

Die 3. Stellvertreterin der chinesischen Bevölkerung steht unverändert auf ihrem Platz und weint.

Das Virus wendet sich wieder dem knienden 1. Stellvertreter der chinesischen Bevölkerung zu, umfasst mit beiden Händen seinen Arm. Der Chinese steht auf, während das Virus ihn weiterhin am Arm festhält.

Das Virus geht ganz nah an den Chinesen heran, legt seinen Arm um seine Hüfte. Beide blicken in Richtung der drei besorgt und ängstlich schauenden Stellvertreter der Weltbevölkerung. Der Chinese versucht immer stärker das Virus vergeblich wegzudrücken. Beide schauen sich streng und tief in die Augen. Der Chinese schaut es mit sehr strengem Blick an, aber es gelingt ihm nicht, das Virus abzuschütteln. Das Virus stellt sich ganz dicht hinter ihn und setzt sich hinter ihm auf den Boden. Der Chinese macht einige Schritte nach vorne und richtet seine Aufmerksamkeit auf die 3. Stellvertreterin der Weltbevölkerung. Beide schauen sich tief in die Augen.

Inzwischen liegen der 2., 4. und 5. Stellvertreter der chinesischen Bevölkerung seitlich ausgestreckt am Boden.

Die 3. Stellvertreterin der chinesischen Bevölkerung kniet mit gesenktem Kopf und betenden Händen in Richtung des Geschehens.

Das Virus ist wieder aufgestanden, bleibt dicht am Chinesen, der mit einem weiteren Schritt auf die ängstlich schauende 3. Stellvertreterin der Weltbevölkerung zugeht. Sie geht keinen Schritt zurück, sondern auf ihn zu.

Sophie Hellinger holt noch eine weitere Stellvertreterin als 4. Stellvertreterin der Weltbevölkerung in die Aufstellung. Sie sucht ihren Platz innerhalb der Aufstellung, stellt sich in etwas Abstand neben die 3. Stellvertreterin der Weltbevölkerung. Ihr Blick richtet sich auf das Virus, das auf sie zukommt.

Die 2. Stellvertreterin der Weltbevölkerung weint.

Der Chinese bietet der 3. Stellvertreterin der Weltbevölkerung seine Hand an. Sie nimmt seine Hand und nickt bejahend mit dem Kopf. Dann nimmt sie die zweite Hand dazu und hält mit beiden Händen seine Hand.

Es kommt noch die 5. Vertreterin der Weltbevölkerung in die Aufstellung. Sie bleibt zunächst hinter der weinenden 1. Vertreterin der Weltbevölkerung und dem 2. Stellvertreter der Weltbevölkerung, die sich an den Händen fassen, und stellt sich schließlich hinter die 3. Stellvertreterin der Weltbevölkerung.

In der Zwischenzeit richtet sich alle Aufmerksamkeit erneut auf das Virus, das wieder aufgestanden ist und der 4. Stellvertreterin der Weltbevölkerung entgegentritt. Sie stehen sich ganz nah gegenüber und schauen sich in die Augen.

Sophie Hellinger holt einen weiteren Stellvertreter in die Aufstellung. Sie sagt nicht, wen er vertritt. Er sucht zunächst einen Platz im Geschehen. Es ist die Zukunft.

Das Virus dreht sich, fasst die 4. Stellvertreterin der Weltbevölkerung bei der Hand. Sie schaut es seitlich an, und das Virus blickt zum Boden.

Dann stellt sich die 4. Stellvertreterin der Weltbevölkerung entschlossen vor das Virus, das kurz ihre Hand, dann kurz ihren Arm umfasst. Dann geht es einen Schritt zur Seite, beide schauen sich lange in die Augen. Das Virus hat ein Lächeln im Gesicht. Es legt seine Hand kurz auf die Schulter der 4. Stellvertreterin der Weltbevölkerung. Dann richtet sich sein Blick suchend auf den Boden, wendet sich von ihr ab. Doch sie versucht, sich ihm sogleich wieder in den Weg zu stellen. Dann legt das Virus seine Arme ganz sanft auf ihre Schultern, sie umfasst es.

Sophie Hellinger: Bitte bleibt wirklich gesammelt, denn ihr wisst nicht, wer ihr seid.

In der Zwischenzeit steht der Chinese mit dem Rücken zu den drei Stellvertretern der Weltbevölkerung. Alle blicken aufmerksam auf den Chinesen und das Virus.

Die 5. Stellvertreterin der Weltbevölkerung versucht, mit ihren ausgestreckten Armen eine Art Schutzschild vor der 1. Stellvertreterin und dem 2. Stellvertreter der Weltbevölkerung zu bilden, den der Chinese aber berührt.

Sophie Hellinger holt eine weitere Person in die Aufstellung. Sie vertritt die Lehre der Hellinger®schule. In dem Moment, in dem die Stellvertreterin der Hellinger®schule die Aufstellung betritt, setzt sich das Virus auf den Boden. Sie stellt sich in etwas Abstand auf die linke Seite.

Der Stellvertreter der Zukunft blickt auf die Bewegung der 4. Vertreterin der Weltbevölkerung und das Virus, das nun ausgestreckt mit dem Rücken auf dem Boden liegt.

Der Chinese, der noch zwischen den Stellvertretern der Weltbevölkerung steht, wendet sich vom Geschehen ab, geht in die Hocke, legt sich mit dem Rücken auf den Boden und hält die Hände vor sein Gesicht.

Die 4. Vertreterin der Weltbevölkerung stellt sich mit gespreizten Beinen über das auf dem Rücken liegende Virus und versucht, es nicht rauszulassen. Es schiebt sich nach unten zwischen ihren Beinen durch. Obwohl sie die Füße fest zusammendrückt, rutscht es nach unten hinaus und steht neu erstarkt auf. Es wendet sich wieder dem ausgestreckt am Boden liegenden Chinesen zu.

Das Virus rückt an den Chinesen heran und versucht, seine Beine auf dessen Bauch zu legen. Der Chinese wehrt sich dagegen. Die 5. Stellvertreterin der Weltbevölkerung tritt zunächst auch gegen das unruhige Bein des Chinesen, und sie hält schließlich beide Beine mit den Händen fest. Der Chinese richtet sich auf, sein Blick ist auf den Boden gerichtet.

Die 3. Stellvertreterin der Weltbevölkerung legt ihre Hand auf die Schulter des Chinesen. Beide blicken auf das auf dem Bauch liegende Virus.

Das Virus stützt mit einer Hand seinen Kopf und schaut in Richtung der restlichen Stellvertreter der chinesischen Bevölkerung,

Dann wendet sich die Stellvertreterin der 4. Weltbevölkerung erneut dem Virus zu, stellt ihren Fuß fest entschlossen auf sein Gesäß, ebenso der Chinese, der seinen Fuß auf den Unterschenkel stellt. Das Virus wird von beiden bedrängt, versucht beide loszuwerden und steht erneut auf.

In dieser Bewegung des Wiederaufstehens streichelt ihm die 4. Stellvertreterin der Weltbevölkerung sanft über seinen

Rücken. Dann bilden sie kurz eine Dreiergruppe. Virus, Chinese und die 4. Stellvertreterin stehen eng beieinander und schauen sich an.

Sogleich schiebt sich die 4. Stellvertreterin der Weltbevölkerung zwischen sie. Ihr Blick geht wieder ins Leere am Virus vorbei. Der Chinese, der nun hinter ihr steht, legt seinen Arm auf ihre Schulter.

Das Virus geht um sie herum und erfasst erneut den Chinesen am Pullover und hält ihn fest. Dann legt es seine Hand auf dessen Kopf. Der Chinese leistet erneut heftigen Widerstand, hebt den Kopf noch höher und neigt ihn sogar noch mehr zurück. Das Virus versucht viermal, den Kopf des Chinesen nach vorne zu neigen. Aufgrund des heftigen Widerstandes gibt es jedoch auf. Sie schauen sich lange an. Der Chinese hält mit hoch erhobenem, nach rückwärts geneigtem Kopf weiterhin dem Blick stand und starrt das Virus mit geschlossenem Mund entschlossen an.

Daraufhin dreht sich das Virus seitlich vom Chinesen weg. Das Virus macht einen Schritt zur rechten Seite an ihm vorbei.

Die 4. Stellvertreterin der Weltbevölkerung, mit weitem Blick, hat sich vom Chinesen weggedreht.

Das Virus hält die 4. Stellvertreterin der Weltbevölkerung mit beiden Armen am Ellbogen fest, und beide schauen mit leichtem Lächeln nach vorne. Das Virus nimmt die 4. Stellvertreterin der Weltbevölkerung an der Hand und streckt seinen und ihren Arm nach vorne aus. Es schiebt den an seiner rechten Seite stehenden Chinesen mit einem Druck auf die Brust zur Seite.

Beide gehen sie einige Schritte nach vorne in Richtung der Vertreterin der Hellinger®schule.

Das Virus greift rückwärts nach dem Chinesen. Als es ihn nicht zu fassen bekommt, ergreift es sein T-Shirt und schleift ihn mit beiden Händen hinter sich her. Die 1. Stellvertreterin und der 2. Stellvertreter der Weltbevölkerung schließen sich dieser Bewegung nach vorne an.

Der Chinese leistet Widerstand, doch das Virus ist stärker. Das Virus geht vor der Hellinger®schule in die Knie. Der Chinese stellt sich in gleicher Linie mit ihm und der Weltbevölkerung hin. Daraufhin ergreift das Virus, kniend in der Mitte, mit einer Hand den Chinesen und mit der anderen Hand die 4. Stellvertreterin der Weltbevölkerung. Die Weltbevölkerung und das Virus schauen die Hellinger®schule an, der Chinese schaut zwischen den beiden leicht abgewendet weg.

Die beiden anderen Vertreter der Weltbevölkerung sind gefolgt. Das Virus steht auf, legt seine Hand auf den Rücken des Chinesen und schiebt ihn nach vorne in Richtung Stellvertreterin der Hellinger®schule. Jetzt steht der Chinese unmittelbar, Auge in Auge der Hellinger®schule gegenüber. Das Virus tritt hinter die 4. Vertreterin der Weltbevölkerung und legt seinen Kopf auf ihre Schulter. Der Chinese wird von der Stellvertreterin der Hellinger®schule mit der linken Hand auf die Seite geschoben. Der dahinterstehende Virus erfasst den Chinesen am Pullover und zwingt ihn in die Knie. Der kniende Chinese erhebt den Kopf noch höher. Daraufhin gibt ihm das Virus mit dem Knie einen Stoß, so dass der Chinese vornübergebeugt ist. Er wendet seinen Blick der Stellvertreterin der Hellinger®schule zu. Das Virus hält ihn an der Schulter nach unten gedrückt. Die 4. Stellvertreterin der Weltbevölkerung und das Virus schauen vor der Stellvertreterin der Hellinger®schule mit leicht gesenktem Kopf auf den Boden. Der Chinese erhebt sich und das Virus schiebt ihn neben die 4. Stellvertreterin der Weltbevölkerung. Das Virus stellt sich neben die Stellvertreterin der Hellinger®schule, deutet eine Neigung mit seinem Kopf vor ihr an und seine Arme sind genauso verschränkt wie die der

Stellvertreterin der Hellinger®schule. Das Virus dreht sich ab und stellt sich mit seinem Rücken an die Stellvertreterin der Hellinger®schule.

Inzwischen schauen die 1. Stellvertreterin und der 2. Stellvertreter der Weltbevölkerung in Richtung Stellvertreterin der Hellinger®schule, wobei sich der Chinese abdreht und die 4. Stellvertreterin der Weltbevölkerung auf den Boden vor der Stellvertreterin der Hellinger®schule kniet. Die Stellvertreterin der Hellinger®schule hebt ihren Kopf an. Sie bewegt sich auf den Knien nach vorne zur Stellvertreterin der Hellinger®schule und hebt ihre geöffneten Hände nach oben. Ihr Blick ist flehend und bittend. Die beiden anderen Stellvertreter der Weltbevölkerung haben ihren Kopf geneigt. Der 2. Stellvertreter der Weltbevölkerung geht auch in die Knie und schaut bittend nach oben. Das Virus hat sich wieder an die Seite der Stellvertreterin der Hellinger®schule gestellt. Es hat seinen Kopf gesenkt und die Hände vor dem Gesicht gefaltet. Es beobachtet die vier Vertreter der Weltbevölkerung, stellt sich tief verneigt hinter sie.

Der Chinese dreht sich ab, geht auf die Zukunft zu und stellt sich direkt vor sie. Beide schauen sich an. Der Chinese legt beide Arme auf die Schultern der Zukunft, und die Zukunft umarmt ihn.

Währenddessen geht das Virus mit vor der Stellvertreterin der Hellinger®schule tief verneigtem Kopf und mit vor dem Gesicht gefalteten Händen rückwärts und kniet sich kurz nieder.

Die 4. Stellvertreterin der Weltbevölkerung ist aufgestanden und steht der Stellvertreterin der Hellinger®schule gegenüber. Beide schauen sich in die Augen.

Der Chinese versucht die Zukunft für sich zu vereinnahmen und möchte die Zukunft wegdrehen, so dass er nicht mehr auf das ganze Geschehen schauen kann. Das gelingt ihm nicht.

Daraufhin lässt der Chinese die Zukunft los, dreht sich ab und geht einige Schritte mit dem Rücken von der Stellvertreterin der Hellinger®schule weg hin vorbei am knienden Virus. Sein Blick ist auf die in einiger Entfernung auf dem Boden sitzende 3. Stellvertreterin der Weltbevölkerung gerichtet. Er versucht, das Virus zu umgehen, das wieder aufgestanden ist und ihn wieder am Handgelenk erfasst. Dann bleibt er neben der auf ihn blickenden 3. Stellvertreterin der Weltbevölkerung stehen.

Das Virus folgt ihm nach und legt seinen Arm auf die Schulter des Chinesen.

Die Zukunft beobachtet alles, schaut zunächst in Richtung Virus. Dann verweilt der Blick der Zukunft bei der Stellvertreterin der Hellinger®schule und ihrer Lehre.

Die Stellvertreterin der Hellinger®schule schiebt die 4. Vertreterin der Weltbevölkerung mit der linken Hand zur Seite weg, so dass ihr Blick frei ist.

Das Virus umklammert den Arm des Chinesen mit beiden Händen und liegt mit seinem Kopf und seinem gesamten Körpergewicht auf dessen Schulter. Dabei versucht er weiter, ihn nach unten auf den Boden zu ziehen.

Der Chinese löst sich aus der Umklammerung und wendet sich wieder der 3. Stellvertreterin der Weltbevölkerung zu, die aufgestanden ist. Beide halten sich an den Händen.

Das Virus hat sich, offensichtlich gelangweilt, weggedreht.

Der Chinese führt die 3. Stellvertreterin der Weltbevölkerung zur Zukunft, die sich mittlerweile weggedreht hat. Die 3. Stellvertreterin der Weltbevölkerung legt von hinten beide Hände auf die Schultern der Zukunft und versucht sich an ihr festzuhalten. Der Chinese tritt von vorne an die Zukunft und versucht nun, beide mit seinen Armen zu umfassen.

Das Virus, das zunächst unbeteiligt danebenstand, löst die Hand des Chinesen von der Zukunft und zieht ihn heftig von der Zukunft weg.

Dieser weigert sich und will die Zukunft mitnehmen. Die Zukunft entzieht sich dieser Bewegung.

Das Virus fasst den Chinesen erneut fest am Handgelenk. Beide schauen sich in die Augen. Dann dreht das Virus den Chinesen mit dem Rücken zu sich, legt seinen Kopf und dann beide Arme auf seine Schultern. Dann umklammert das Virus mit seinen Armen die Arme des Chinesen, streckt beide Arme aus in Richtung Sophie Hellinger, die auf einem Stuhl sitzt. Der Chinese leistet heftigen Widerstand. Er ist offensichtlich sehr geschwächt. Seine Knie haben die Tendenz, auf den Boden zu stürzen.

Der Chinese versucht, sich von den beiden starren, nach vorne ausgestreckten Armen des Virus zu befreien, was ihm jedoch nicht gelingt. Das Virus nimmt seine Arme von ihm weg, gleichzeitig gibt es ihm mit seiner Faust einen harten Stoß in den Rücken und schubst ihn nach vorne.

In dem Moment klatscht Sophie Hellinger laut in die Hände und ruft: **„Hey!"** *Sie versucht, den abwesend wirkenden Chinesen in die Aufmerksamkeit zurückzubringen. Dann erst blickt der Chinese kurz auf und in ihre Richtung.*

Mit einem zweiten harten Stoß in den Rücken schubst ihn das Virus ein weiteres Mal heftig nach vorne, so dass er nach vorne auf ein Knie fällt. Den anderen Fuß lässt er demonstrativ auf dem Boden stehen. Er bleibt starr, mit geschlossenen Augen auf den Boden.

Sophie Hellinger schaut ihn lange und eindrücklich an. Er hält jedoch die Augen geschlossen. Jetzt setzt er sich nach hinten ab. Offensichtlich ist er noch schwächer geworden, hält aber die Augen weiterhin geschlossen. Sophie Hellinger klatscht noch einmal in die Hände. Jetzt öffnet er die Augen, so als sei er plötzlich erwacht. Sie schauen sich in die Augen. Er wehrt sich heftig dagegen, die Tränen fließen zu lassen. Sophie Hellinger streckt die Hand nach vorne zu ihm aus und berührt seinen T-Shirt-Ausschnitt am Hals, als würde sie ihn leicht nach vorne ziehen. Auch hier leistet er Widerstand. Doch plötzlich gibt er nach, und mit einem abgrundtief traurigen Gesicht neigt er sich langsam nach vorne, wobei ihn Sophie Hellinger ganz sacht mit einem Finger am Kopf berührt. Jetzt bleibt er, die Arme am Boden liegend und den Kopf verneigend, sehr lange regungslos vor ihr liegen.

Die Stellvertreter der Weltbevölkerung haben in der Zwischenzeit die Beine der Stellvertreterin der Hellinger®schule umklammert. Diese streichelt sie zärtlich am Kopf. Das Virus und die 4. Stellvertreterin der Weltbevölkerung umarmen sich und stehen hinter dem schon seit langer Zeit knienden Chinesen und beobachten den Hergang.

Sophie Hellinger: Ich glaube, wir können es hier belassen. Bleibt alle stehen, wo ihr seid. Erst jetzt sage ich euch, wer wen vertreten hat. Was hat sich hier gezeigt? Die Zukunft will gar nichts, absolut gar nichts. Ein Chinese geht hinaus in die Welt. Das Virus ist wach und präsent. Das Virus hat großes Interesse an der chinesischen Bevölkerung. Zwischendurch hatte es den Anschein, als hätte das Virus aufgegeben, aber es kommt immer wieder hoch und sogar erstarkt. Jetzt hören wir, was die Stellvertreter zu sagen haben.

Stellvertreter des Virus: Es war sehr viel von allem. Ich habe mich sehr groß gefühlt, dann habe ich mich als Lehrer gefühlt, der seine Schüler bestraft, aber auf sie nicht böse ist. Dann gab es eine Bewegung hin und her. Danach bin ich auf die Hellinger®schule zugegangen und habe ihre Größe gespürt.

Ich wusste, ich muss den Chinesen dorthin schleppen, damit er sich vor der Hellinger®schule verneigt. Ich wollte ihn mehrmals dazu bewegen, dass er sich verneigt. Aber er ist sehr arrogant und hochmütig und lässt sich normalerweise nicht zu einer Verneigung bewegen. Bei der Hellinger®schule ist es ihm aber zum ersten Mal gelungen, sich verneigen zu können. Danach hat er keinen Widerstand mehr geleistet. Ich wusste, ich muss China Demut beibringen, andererseits muss ich ihn zu anderen der Weltbevölkerung schicken, damit sie nicht von oben auf China schauen. Es wird nicht bei China sein Ende haben. Jeder hat etwas zu lernen. Später musste ich unbedingt Sophie Hellinger anschauen. Ich habe gefühlt: Für ihn gibt es nur eine Lösung, und die ist dort bei Sophie. Erst als das Virus sich vor Sophie verneigt hat, ist es für mich leichter geworden. Ich hatte das Gefühl, meinen Auftrag erfüllt zu haben. Jetzt ist alles gut.

Sophie atmet tief durch.

Stellvertreter des Virus: Vielleicht ist auch etwas Persönliches von mir dabei. Sie besaßen bereits die Medizin, aber haben keinen Gebrauch von ihr gemacht – wegen ihrer Arroganz und ihres Hochmuts.

Sophie Hellinger: Okay! Bleibt mal stehen, wenn ihr noch könnt. Jetzt du. *Sophie Hellinger deutet auf die 2. Stellvertreterin der chinesischen Bevölkerung.*

2. Stellvertreterin der chinesischen Bevölkerung: Als Sophie sagte „Das ist die Hellinger®schule“, habe ich mich wie ein kleines Mädchen vor ihr gefühlt, sie als diese riesengroße Mutter gesehen. Und dieses Mädchen ist hilflos vor dieser Größe.

Sophie Hellinger: Will noch jemand was sagen?

1. Stellvertreterin der Weltbevölkerung: Ich erkannte, dass nur ein Sich-Fügen der einzige Weg ist aus der Verzweiflung und der Ohnmacht bei der Ausgangsposition. Und hier, bei der Hellinger®schule, gibt es ein komplettes Gefühl des Angekommen-Seins.

Sophie Hellinger: Will noch jemand was sagen?

4. Stellvertreterin der Weltbevölkerung: Ich habe eine große Liebe zum Virus gespürt. Ich habe verstanden und das Wissen gehabt, dass etwas ganz Großes hinter ihm steht. Es war für mich sehr interessant, mit ihm in Austausch zu kommen, Gegenaktionen und gemeinsame Aktionen zu machen. Ich wollte herausfinden, ob es steuerbar ist. Ich wollte mit ihm tanzen.

Stellvertreter des Virus: Das wollte ich auch mit ihr, aber nur kurz.

4. Stellvertreterin der Weltbevölkerung: Ab und zu ist es mir gelungen. Ich hatte das Gefühl, es geht nach meiner Bewegung. Und dann ist es wieder in seine eigene Kraft gekommen, unabhängig von mir. Mir war es ganz wichtig, es permanent anzuschauen, Auge in Auge und immer in Kontakt zu bleiben, damit ich weiß, wohin es als nächstes geht und dass ich mit ihm in Bewegung bleibe. In einem bestimmten Moment, als er bei mir durch- und rausgekrochen ist, habe ich mich umgedreht und die Zukunft gesehen. Aber von mir gab es keine Bewegung dorthin. Ich habe ständig das Virus im Blickfeld gehalten. Als ich meinen Fuß auf das Virus stellte, wusste ich: Sobald das noch jemand versucht, machte es dieses stärker. Genauso ist es auch gekommen. Es ist aufgestanden und war sehr stark. Gemeinsam sind wir zur Hellinger®schule gegangen. Ich habe das Gefühl gehabt, dass sie etwas ganz Großes ist, und von diesem Großen hängen Handlungen des Virus ab.

Der Stellvertreter des Virus fügt hinzu: Ich hatte das Gefühl: Da ist Harmonie, absolute, einwandfreie, volle Harmonie. Und wenn man dahinkommt, hat man diese Harmonie. Sie war so groß und so wunderschön.

4. Stellvertreterin der Weltbevölkerung: Ich wurde stark durch die verschränkten Arme der Hellinger®schule gebremst. Ich konnte nicht verstehen, was jetzt war. Ist sie für mich offen oder zu? Wie soll ich mich verhalten? Was geht in ihr vor? Bei mir war permanent die Frage: Was soll ich machen, dass sich diese Situation verändert? Ich bin in die Knie gegangen und habe meinen Kopf geneigt. In dem Moment habe ich erkannt, dass alles, was ich mache, überflüssig ist. Die Hellinger®schule und ihre Lehre braucht das alles nicht, das nutzt auch nichts, was ich versuche zu veranstalten. Und dann habe ich verstanden: Ich muss aufstehen und weiterleben. Ich habe die Hellinger®schule und ihre Lehre eine gewisse Zeit angeschaut, aber sie hat mich auf die Seite geschoben, dann hat mich das Virus wieder angezogen. Das war so nah, und ich war so froh, dass ich es wiedergefunden hatte.

Stellvertreter des Virus: Ich habe mich auch vor der Hellinger®schule verneigt, bin in der Verneigung zurückgegangen, bis ich hierhergekommen bin.

3. Stellvertreterin der Weltbevölkerung: Ich habe mich der chinesischen Bevölkerung gegenüber sehr schuldig gefühlt. Ich habe sie ausgenutzt. Als sie auf mich zugekommen ist, konnte ich es fast nicht ausgehalten, dass der Chinese mir die Hände reicht, obwohl ich mich wirklich richtig abfällig ihm gegenüber verhalten habe. Mein Bezug war auch nur er, der Vertreter der chinesischen Bevölkerung. Als er in die Knie gegangen ist, bin ich auch in die Knie gegangen. Als das Virus mit dazugekommen ist, wusste ich: Es ist etwas Neues, da hatte ich nichts zu suchen, es ist etwas ganz Eigenes. Ich habe auch das Gefühl gehabt, dass es mir sehr leidtut, wozu ich den Chinesen benutzt hatte.

3. Stellvertreter der chinesischen Bevölkerung: Ich habe mich von Anfang an wie ein Kind gefühlt, als würde ich auf heißen Kohlen sitzen. Ich war wirklich sehr verzweifelt.

Seltsamerweise habe ich das Virus fast angebetet oder darum gebeten, dass es etwas tun möge, damit die Leute wieder irgendwie zu sich kommen und etwas unternehmen, damit mir geholfen wird. Als die Hellinger®schule hinzukam, habe ich sofort verstanden, dass ein großes Licht aufgegangen ist. Ich hatte den Drang zu ihr hinzugehen. In dieser Position, nahe bei ihr, habe ich mich sicher gefühlt. Ich hatte sehr große Angst vor dem Chinesen, vor dem, was er alles gemacht hat. Er hat mir sehr große Angst eingeflößt. Als wenn er nicht verstehen würde, als wenn er wirklich blind wäre. Ich wollte unbedingt, dass er auf das Virus schaut und ich hatte das Gefühl, dass der Chinese nicht weiß, was er tut. Als dann alle anderen auch zur Hellinger®schule kamen, hatte ich das Gefühl, dass ich mich endlich ausruhen kann. Dass ich jetzt in Sicherheit bin, und ich war ruhiger. Bei dem Ganzen wollte ich immer zur Zukunft hinschauen, aber es war mir nicht möglich, ich konnte nicht. Am Ende konnte ich dann auch nicht mehr atmen. Ich hatte das Gefühl, keine Luft mehr zu bekommen. Dann ist irgendetwas über mich gekommen und ich habe mich entspannt gefühlt. Ich hatte einen Schwächeanfall und bin umgefallen. Tot. Danach überkam mich eine Welle, als wenn ich jetzt wieder ruhig und ein Kind sein dürfte.

5. Stellvertreter der chinesischen Bevölkerung: Ich habe mich zu Beginn auch als Kind gefühlt, und das hat mich nach unten gezogen. Als ich umgefallen bin, war mir übel. Ich habe keine Ruhe gespürt. Ich wollte schreien, ich war verzweifelt, aber ich konnte nichts tun. Ich hatte ein Gefühl, als würde ich in Ohnmacht fallen und gleichzeitig verrückt werden. Als ich die Hellinger®schule gesehen habe, habe ich angefangen, auf sie zuzugehen, zu ihr hinzukrabbeln. Ich habe gespürt: Nur wenn ich mich hinter sie stelle, kann ich frei und sicher sein.

1. Stellvertreter der chinesischen Bevölkerung: Als ich in die Aufstellung gekommen bin, hatte ich ein ganz großes Schamgefühl und das Gefühl, dass ich es nicht verdienen würde.

Ich war auf der Suche nach einer anderen Lösung, auf einem anderen Weg als alle anderen, denn ich hatte das Gefühl, dass ich so meine Scham minimieren könnte. Vom Anfang bis zum Ende hatte ich das Gefühl, dass das Virus mein Freund war, dass dieses es mit mir gut meinte, auch wenn ich mich mit ihm nicht wohl fühlte. Ich habe versucht, das Bild, das andere von mir haben, zu ändern, damit ich mich stolzer fühlen kann. Aber das hat nicht funktioniert. Am Ende, als mich das Virus geschubst hatte, wusste ich: Jetzt kommt die Zeit, dass ich mir eingestehen muss, dass ich etwas falsch gemacht habe. Ich schämte mich zu sehr, als dass ich es eingestehen konnte. Als Sophie dann klatschte, um meine Aufmerksamkeit zu bekommen, hatte ich das Gefühl: Jetzt ist es okay, einzugestehen, dass ich falsch gelegen hatte und dass mir nichts passieren würde.

Sophie Hellinger zum Stellvertreter der Zukunft: Hast du etwas zu sagen?

Stellvertreter der Zukunft: Das Extremste anfangs war, dass ich permanent den Überblick über alles hatte. Ich hatte eine sehr interessante Neutralität gegenüber allem, was passierte. Es war alles gleichbedeutend, ich konnte mir alles anschauen, ohne mit irgendetwas verhaftet zu sein. Was den Anfang ein bisschen überschattet hatte, war, dass ich immer das Gefühl hatte, als wenn riesige Kräfte hinter mir wären, die ich von meinem Verständnis her als nicht angenehm gespürt habe. Es machte mir so eine Gänsehaut. Das hat immer von hinten gewirkt. Alles war so, als ob es eine Bühne wäre, auf der nur ein paar Menschen spielen würden. Es waren einfach nur riesige Kräfte hinter mir da, vor mir war es wie eine Theaterbühne. Das Virus habe ich die ganze Zeit als völlig neutrales Werkzeug gesehen. Seine Zeit war irgendwann im Verlauf der Geschichte gekommen. Ich hatte das Gefühl: Es geht wieder. Es ist ein Kommen und Gehen, und in ein paar Jahren kommt das nächste Werkzeug. Das Interessanteste war:

Die Personen, die ich betrachtet hatte, waren so traurig, hoffnungslos und in Tränen aufgelöst. Das war für mich als Zukunft keine Zukunft mehr. Einigen Personen, die die meiste Zeit so traurig waren, zeigte sich ein Licht, wenn sie den Kopf hoben und schauten. Da war plötzlich Kraft bei manchen Personen, die hochschauten und dann auch auf mich blickten. Im ersten Moment war es okay, endlich bewegte sich etwas. Doch dann als nächstes, wie eine Art Forderung, fiel alles wieder zusammen, weil die Person nicht bei sich gewesen war.
Der einzige richtige Kontakt war mit dem 1. Vertreter der chinesischen Bevölkerung, als er hergekommen war. Da gab es einen Moment, dass ich das Gefühl hatte: Okay, jetzt hat er es, jetzt ist etwas da, jetzt kann es losgehen. Dann wollte er mich jedoch woanders hinbewegen, und alles war wieder weg. Ich hatte nicht das Gefühl, dass man mich bewegen kann. Dann fiel diese Kraft, die gerade noch da gewesen war und die was auch immer ermöglicht hätte, wieder in sich zusammen. Das war noch ganz wichtig. Diese Kräfte, die im Hintergrund wirkten, waren immer präsent. Von einem bestimmten Moment an brach alles komplett zusammen und war nicht mehr existent. Das war, als die Stellvertreterin der Hellinger®schule in die Cosmic Power®-Aufstellung hineingeholt wurde. Danach habe ich diese sonderbaren Mächte nicht einmal mehr ansatzweise im Rücken gespürt.

Sophie Hellinger: Also die unangenehmen Kräfte, die hier gewirkt haben, haben sich aufgelöst, als die Stellvertreterin der Hellinger®schule hereinkam?

Stellvertreter der Zukunft: Ja, genau! Da hat sich das Unangenehme im Rücken zurückgezogen, sich irgendwie aufgelöst. Ich habe es nicht mehr gespürt, ich habe immer mal wieder geschaut und habe dann festgestellt: Da ist schon etwas da, aber nicht das Gleiche wie zuvor. Ich hatte einen Rundblick, aber diese unangenehme Kraft war nicht mehr. Das hatte auch nichts mehr von einem Marionetten-Theater. Wenn ich dem

Treiben so zuschaute, wunderte ich mich permanent, warum alle noch weiterspielten. Es gab doch dafür keinen Grund mehr. Ich drücke es einmal so aus: Die Schnüre waren schon durchschnitten, doch trotzdem haben alle weitergemacht, als hätten sie immer noch keine Ahnung. Das passt dann wieder zu diesem Lichtblick, den ich ab und zu wahrgenommen hatte. Dann dachte ich: ‚Oh, jetzt, ja, es geht los!' Und dann waren sie wieder in ihrem Wahnsinn gefangen, und ich war völlig neutral. Es war schon angenehm, wenn jemand da war, der plötzlich bei sich war. Dann hatte ich das Gefühl, jetzt passiert etwas. Es war wie ein Licht.

Stellvertreterin der Hellinger®schule: Für mich war es nicht wichtig. Wenn alle zu meinen Füßen versammelt sind und sie richtig an mir kleben, dann ist es genau das Richtige. Genauso soll es sein. Nicht, weil ich hochmütig oder anmaßend bin, sondern weil es in Ordnung ist. Genau das ist die Ordnung. Und als das Virus die 4. Stellvertreterin der Weltbevölkerung und den 1. Stellvertreter der chinesischen Bevölkerung hierhergeführt hatte, war es bei mir so: Gut, braver Junge, du hast deine Aufgabe gut erfüllt.

Stellvertreter des Virus: Bestätigt! Genau das habe ich auch gespürt.

Stellvertreterin der Hellinger®schule: Der Chinese hat nicht nachgelassen. Warum habe ich mit verschränkten Armen gestanden? Ich habe gedacht: ‚Naja, so ein Zirkus.' Dann begann die 4. Stellvertreterin der Weltbevölkerung sich auch vor mir zu verneigen. Das Virus ist dann weggegangen. Anschließend hat die 4. Stellvertreterin der Weltbevölkerung plötzlich angefangen, etwas bei mir zu erbitten. Ich dachte: ‚Jetzt will sie wieder etwas von mir.' Aber ich habe nichts zu geben, ich habe bereits alles gegeben. Dann ist die 4. Stellvertreterin der Weltbevölkerung aufgestanden. Und ich dachte: ‚Okay wenn sie steht, dann steht sie eben.' Aber sie hat mich genervt.

Sie stand zwar da, hat aber nichts gemacht. Dann habe ich mit meinen Augen das Virus gefunden. Es war so ein Gefühl wie: Ja, regle das – du sollst das regeln. So etwas wie ein Auftrag. Wichtig wäre gewesen, dass der 1. Vertreter der chinesischen Bevölkerung oder die 4. Stellvertreterin der Weltbevölkerung – mindestens einer von beiden – sich hier verneigt hätte und geblieben wäre. Dann wäre alles komplett, dann hätten wir alle gemeinsam weitergehen können.

Sophie Hellinger: Danke euch allen! Dankeschön! Kann man so etwas erfinden? Solche revolutionären Gedanken, die alles Bisherige umstoßen? Ich habe Bert immer wieder gefragt: „Bitte sag mir, wie hast du das gefunden?" Er sagte: „Nicht ich habe gefunden, es ist mir geschenkt worden. Und deshalb stelle ich mein Leben in diesen Dienst." Also: Offensichtlich gibt es wirklich etwas viel Größeres hinter allem, als was wir denken. Es ist einfach zu groß und ich denke mir: ‚Ich Kleine, ich soll das weitermachen? Was soll ich da bewirken?'

Anna: Deine Aufgabe!

Sophie Hellinger: Ja, was ist meine Aufgabe? Das frage ich mich schon so lange. Ich kleine Person soll so eine große Aufgabe haben? Das kann doch nicht sein.

Anna: Doch!

Sophie Hellinger: Doch! Ja, ich habe es in diversen Aufstellungen schon des Öfteren gesehen. Das erste Mal hat es sich ganz konkret gezeigt, als Bert im Jahr 2013 im Krankenhaus war. Wir hatten im Krankenhaus in seinem Zimmer eine Aufstellung gemacht. Er lag wirklich im Sterben. Die Ärzte sagten: „Er ist in der finalen Phase." In der Aufstellung kam so etwas Ähnliches ans Licht. In dem Sinn: Mach dir keine Sorge, es geht schon weiter, denn du machst es schon, den Auftrag hast jetzt du. Ja, wir werden sehen, wohin es führt. Ich soll es sein?

Also, was haben wir hier gesehen? Die Situation mit dem Virus ist noch nicht so schnell beendet. Es sah so aus, als würde es sich beruhigen, und dann kommt es wieder, beruhigt sich und kommt wieder. Im Cosmic Power®-Seminar Ende Januar hatte ich schon diesbezüglich eine Aufstellung gemacht. Damals sagte ich: „Es ist eine Lektion für das chinesische Volk." Und Amerika war überheblich und dann schwach.

Meine Erfahrung in China war folgende. Ich fragte: „Kann ich das haben, könnt ihr das für mich machen, ist das möglich?" Dann lautete die Antwort: „Ich sage dir eines: Bitte frage nie mehr so! Alles ist möglich. Du sagst, was zu tun ist, und wir machen es." Ich dachte: ‚Das kann nicht sein. Geht es nicht bis zu einer bestimmten Grenze und nicht weiter?' In China ist alles enorm. Was dieses Volk erreicht hat! Wir haben davon gar keine Ahnung. Wir können uns das gar nicht vorstellen. Aber der Preis ist hoch, sehr, sehr hoch. Bescheidenheit und Demut muss man vielleicht wirklich lernen. Gibt es nicht irgendwelche Gesetze, die wir nicht kennen, dass alles seinen Platz und seine Ordnung hat und es nicht in den Himmel wachsen kann? In 1000 oder 2000 Jahren spielt es ohnehin keine Rolle, ob fünf Millionen Menschen sterben oder fünf Milliarden. Ich glaube, es ist so, wie das Virus gesagt hat: Einige haben hochgeschaut und wieder Hoffnung gehabt, dann aber diese Verbindung wieder verloren. Einige werden bleiben, irgendwie wird es sich mehr oder weniger regeln. Etwas wird übrigbleiben.

Also lasst uns die Zeit, solange wir leben, in Demut, in Achtsamkeit, in Liebe und in Sorgfalt verbringen. Ob das fünf, zehn, zwanzig oder dreißig Jahre sind, wissen wir sowieso nicht. Zum Glück. Aber um auf den Mayakalender zurückzukommen: Es soll eine riesige Umwälzung geben. Solange der Kalender existiert, hat er immer recht gehabt. Aber sich zu ängstigen und sich zu sorgen, ist nicht angesagt. Aber wach zu sein, sorgfältig, liebevoll und aufmerksam schon. Weil es am Ende keine Rolle spielt, ob ich noch zehn Jahre lebe oder nur ein Jahr. Für die Welt spielt es keine Rolle. Und somit, wenn wir dankbar sind, für das, was wir bis jetzt bekommen haben, freundlich und offen sind für das, was uns noch geschenkt ist, wird es einen guten Effekt haben. Ohne dass wir denken: ‚Hoffentlich bleibt das Virus dort.'

Wenn Italien so heftig reagiert, dann wird wohl etwas dahinter sein, was wir noch nicht alle verstehen.

Genießt das Leben und seid zuversichtlich.

III.2. Nachträgliche Berichte der Stellvertreter

Stellvertreter des Virus: Ich fühlte mich sofort groß, mächtig, aber fair. Wie ein Vater, der seine Kinder liebt, sie aber manchmal bestrafen muss, ohne daran Freude zu haben. Ich will nur ein Ergebnis erzielen: dass es den Kindern guttut.

Von Anfang an wurde meine Aufmerksamkeit vom 1. Vertreter für die chinesische Bevölkerung angezogen, die anderen Teilnehmer waren nur in meinem Blickfeld, aber ich hatte keine Bewegung auf sie zu. Der 1. Vertreter für die chinesische Bevölkerung kam mir arrogant vor, irgendwie nicht weise, aber vorlaut, wie ein Teenager, der glaubt, schon alles zu wissen.

Er erschien mir wie jemand, der nicht weiß, was er tut. Ich wollte ihn nach vorne beugen. Ich wusste, es war meine Aufgabe, ihm Demut beizubringen. Aber er gab meinen Versuchen, ihn zu bewegen, nicht nach und leistete mit Wut Widerstand. Sein Widerstand weckte in mir keinen Wunsch, ihn um jeden Preis zum Verneigen zu zwingen.

Als die 4. Vertreterin der Weltbevölkerung erschien, lenkte sie meine Aufmerksamkeit auf sich. Ich fühlte mich ihr nahe, wollte dann mit ihr tanzen, sie erwiderte alle meine Gefühle.

Dann wollte ich mich hinsetzen und legte mich sogar eine Weile zur Ruhe auf den Boden. Dann stand ich wieder auf, als hätte ich Kraft wiedergewonnen. Als ich und der Chinese am Boden lagen, legte ich meine Beine auf ihn und wollte ihn am Boden halten. Aber er wollte es nicht, also stand er auf. Ich dachte: ‚Okay, wie du willst.'

Als die Vertreterin der Hellinger®schule und ihrer Lehre auftauchte, zog es mich zu ihr hin und ich schleppte den Chinesen mit. Am Ende waren wir alle in der Nähe der Vertreterin der Hellinger®schule und ihrer Lehre: ich, die 4. Vertreterin der Weltbevölkerung und der 1. Vertreter für die chinesische Bevölkerung. Ich wollte die anderen Teilnehmer zu ihr führen, mit Ausnahme der Zukunft. Ich machte ein paar Schritte auf die anderen zu, aber dann verschwand dieser Wunsch in mir. Ich sah die Vertreterin der Hellinger®schule und ihre Lehre groß, schön und harmonisierend. Ich hatte das Gefühl, in ihrem Dienst zu stehen. Ich bin von ihr weggegangen und habe mich vor ihr verneigt, ohne ihr den Rücken zu zeigen, so wie ein Premierminister vor dem Imperator.

Dann wurde meine Aufmerksamkeit auf Sophie Hellinger gelenkt. Ich hatte das Gefühl: Da ist eine Lösung für den 1. Vertreter der chinesischen Bevölkerung. Dort kann er seine Arroganz korrigieren und klüger werden. Ich wusste: Er muss sich ganz tief vor Sophie verneigen, so tief wie möglich. Es war unmöglich für ihn. Ich umarmte seine Schultern von hinten mit meinen geraden Armen und drehte ihn in Richtung Sophie. Gleichzeitig wollte ich ihn vor ihr verneigen. Zu meiner Zufriedenheit und sogar zu meiner Erleichterung hat er nachgegeben und hat endlich Sophie angeschaut.

Dann dachte ich wieder, wie dumm er sei. Er versteht nicht, welche Macht, welche gute und riesige Macht vor ihm ist. Ich fing an, ihn mit etwas Gewalt zum Verneigen zu bringen, und er gab zu meiner Freude endlich nach. Als er sich vor Sophie niedergekniet hatte, kam es mir so vor, als hätte er die erste Lektion gelernt, aber es ist noch keine endgültige Entscheidung. Nur in dieser Position vor Sophie liegend, werden ihm seine Arroganz und Dummheit vergeben!

Stellvertreterin der Hellinger®schule und ihrer Lehre: Zuerst habe ich die 4. Vertreterin der Weltbevölkerung beobachtet. Einerseits war sie interessant und wichtig für mich, gleichzeitig war sie nicht bedeutsam. Meine Hände waren vor der Brust verschränkt mit dem Gefühl: „Na, na, na, und was jetzt? Was für ein Kindergarten?“

Jemand kroch an mir hoch und klammerte sich an meine Füße. Es war für mich wie selbstverständlich, dass alle an meinen Beinen klebten, sich wie kleine Muscheln festklebten. Auf diese Art wären sie dann alle zu einer soliden Plattform geworden, wie die Betonbasis einer Säule, die sie hält. Ich wusste: Ich brauche keine Unterstützung. Es war so, dass wir erst dann in der Lage wären, uns nach vorwärts zu bewegen. Das ist überhaupt die einzige Möglichkeit, um vorwärts zu kommen. Es gibt keine andere Chance für die Menschheit. Solange sie nicht zusammenkommt, zumindest die Mehrheit von ihr, geschieht nichts. Unten zu sein und unten zu bleiben, ist keine schlechte Sache. Es ist der einzig richtige und sichere Ort.

Meine Kraft war so groß, dass ich ausnahmslos jeden (besonders den 1. Chinesen) mit einer leichten Berührung meiner Hand hätte fallen lassen können. Und das war nichts Böses von mir. Aber die Menschheit musste selbst dazu kommen und sich verbeugen.

Einige der Teilnehmer begannen auf und ab zu kriechen. Ich ließ zu, dass sie sich hineinzwängten. Ich wärmte sogar ihre Hände auf, streichelte sanft die Wange von jemandem und beruhigte sie, dass alles in Ordnung sei. Wenn sie mir von unten in die Augen schauten, blickte ich anerkennend zu ihnen.

Ich hatte so viel Liebe für sie, so viele sanfte Gefühle, ich gab ihnen absolut alles, und sie waren heilig, unantastbar und unter meinem Schutz. Es ist noch mehr als das Glück oder die Freude, die ich für sie empfand. Es lässt sich nicht mit Worten beschreiben, es strömte aus meinen Augen, aus meinen Händen, aus meinem Herzen, aus jeder Zelle meines Körpers. Ein Gefühl von etwas Großem.

Die 4. Vertreterin der Weltbevölkerung sah mich schließlich und schaute mir in die Augen. Sie kam aber nicht zu mir. Bei mir war so etwas wie: „Und nun, was werden wir tun? Du schaust, aber tust nichts. Okay, aber was machen wir jetzt?“ Das Virus führte sie zu mir, sie kam nicht von selbst. Ich hatte eine klare Botschaft an das Virus: „Gut gemacht, guter Junge, du hast deinen Job gemacht und die Aufgabe gut erfüllt.“ Anerkennung und Ermutigung wie für einen treuen, loyalen Hund. Dann hat sich das Virus zurückgezogen.

Die 4. Vertreterin der Weltbevölkerung ging nicht sofort zu Boden. Aber als sie sich endlich niederließ, beugte sie sich nicht vor, obwohl sie auf den Knien war, sondern begann, ihre Arme zu mir zu strecken und zu bitten. Ich war irritiert, ich hatte doch bereits alles gegeben, was sie wollte. Als sie von mir nichts bekam, stand sie auf und versuchte zu zeigen, dass sie genauso groß wäre wie ich, dann kam es mir: „Okay, dann wird also wieder der Virus gebraucht.“ Ich fand es mit meinen Augen, es war einfach auf den Knien, als wäre es ausgeschaltet, und ich aktivierte es mit meinen Augen und gab ihm einen geistigen Befehl: Es muss das hier klären, es muss sich darum kümmern. Die Vertreterin der Weltbevölkerung begann, von sich aus auf es zuzugehen. Danach war ich nicht mehr an ihr interessiert. Es war wie: Ich werde keine Zeit mehr für sie verschwenden, wenn sie kommt, okay, wenn nicht, dann nicht.

Dann habe ich den 1. Vertreter für die chinesische Bevölkerung beobachtet. Als er anfing, zu Boden zu gehen und sich sogar ein wenig zu verneigen, stieg in mir wieder diese Welle der Liebe und Fürsorge auf. Ich selbst habe keine Kinder, aber ich kann mir vorstellen, dass Eltern dazu neigen, glücklich zu sein, wenn ihr Kind etwas richtig gemacht hat.

Übrigens habe ich mich auch um das Virus gekümmert, damit es nicht zu Schaden kommt. Es ist mein Liebling oder geliebtes Haustier.

Meine Arme waren nicht mehr gekreuzt, als noch mehr Völker zu mir kamen. Je mehr Völker mir zu Füßen lagen, desto offener wurde ich.

Und vielleicht, wenn einer von beiden, die 4. Vertreterin der Weltbevölkerung oder der 1. Vertreter für die chinesische Bevölkerung, vollständig mit meinen Beinen verschmolzen wäre, hätten wir uns vielleicht alle bewegen können. Sie hatten alle die gleiche Bedeutung.

Ich habe immer noch das Gefühl, dass es nicht nur die Hellinger®schule war. Es war etwas sehr Großes. Die Macht, die Weisheit, die Lehre, die dahinter stehen. Die Macht, die jedem Menschen durch ihre Lehre zuteil wird.

Vielen Dank für diese Gelegenheit. Diese Erfahrung werde ich nie vergessen.

4. Stellvertreterin der Weltbevölkerung: Ich habe die Weltbevölkerung vertreten. Ich war stark.

Ich habe mich für das Virus interessiert. Ich wusste, dass es nicht böse war, sondern dass eine große Macht dahinterstand und es seine Mission zu erfüllen hatte. Ich musste mit ihm interagieren, ihm in die Augen sehen. Tanzen. Es kontrollierbar machen. Einen Moment lang dachte ich, es sei mir gelungen, aber das Virus lebte sein Leben.

Nachdem das Virus von mir weggegangen war, schaute ich mich um und sah die Zukunft. Die Zukunft faszinierte mich, ich wollte sie anschauen, und ich vergaß das Virus. Aber es gab keine Bewegung in Richtung Zukunft. Als das Virus auf mich zukroch, war es so schwach, dass ich dachte, es sei besiegt, und ich setzte meinen Fuß darauf, aber das machte es wieder stärker, und es erhob sich wieder.

Ich habe die Vertreterin der Hellinger®schule und ihrer Lehre gesehen. Ich habe auf sie geschaut, wusste aber nicht, ob ich zu ihr gehen sollte oder nicht. Das Virus tauchte wieder auf und ich musste bei ihm sein. Es nahm meine Hand und brachte mich zur Vertreterin der Hellinger®schule und ihrer Lehre. Ich verstand, dass dies eine sehr große Macht ist, von der sehr viel abhängt und die das Virus beeinflussen kann. Ich habe lange auf ihre verschränkten Arme geschaut und konnte nicht erkennen, ob diese Macht für mich offen war oder mich dadurch abwies. Nach einer Weile wurde mir klar, dass ich vor dieser Macht sehr klein bin. Ich dachte, ich wäre derjenige, der das Virus bekämpft, dabei war es das Virus, das mich antrieb.

Ich habe den Kopf gesenkt und bin dann in die Knie gegangen. Aber ich musste etwas tun, ich konnte nicht einfach nur passiv bleiben. Ich beschloss, diese Macht zu bitten, das Virus zu bekämpfen. Aber nach einer Weile merkte ich, dass es nicht funktionierte. Ich war noch auf den Knien, stand jetzt auf, weil ich etwas tun musste.

Ich schaute auf die Vertreterin der Hellinger®schule und ihrer Lehre, dann hinter die Schule, dann schob mich die Schule zur Seite, und ich wurde wieder zu dem Virus gezogen. Als ich es traf, war ich sehr froh, nun hatte ich etwas zu tun, und ich kam in die Interaktion mit ihm.

IV. Das Corona-Virus

Das Corona-Virus stammt aus einer sogenannten Familie von Viren, von denen es sehr viele gibt. Sieben davon sind dafür bekannt, dass sie Erkrankungen beim Menschen verursachen können. Zu den bekanntesten gehörte 2002/2003 SARS, damals abgekürzt SARS-CoV. SARS ist die Abkürzung für „severe acute respiratory syndrome". Zehn Prozent der Erkrankten verstarben. Ein weiterer ernster Kandidat ist MERS (Middle East respiratory syndrome). Rund 30 Prozent der Erkrankten sind daran gestorben.

Im Januar 2020 kam eine chinesische Studie heraus, die das ganze Genom von Covid-19 analysiert hatte. Der korrekte wissenschaftliche Name für dieses Virus ist SARS-CoV-2 (severe acute respiratory syndrome coronavirus 2). Die WHO vereinfachte die Bezeichnung und nannte dieses Virus Covid-19 (Corona virus desease 2019). Verglichen mit SARS und MERS ist Covid-19 wesentlich weniger gefährlich. Die Angaben zur Sterblichkeitsrate liegen zwischen 0,5% und 20%.

Die Symptome

Das Virus wird über die Augen-, Mund- und Nasenschleimhaut aufgenommen. Fast 80% der Erkrankten sind männlich. Die Anfangssymptome sind erhöhte Körpertemperatur, meistens 38 bis 39 Grad, ein paar Tage später beginnt bei den meisten Patienten ein trockener Husten, ein bisschen später Muskelschmerzen und Müdigkeit. Bei den meisten verläuft die Erkrankung relativ mild. Bei manchen tritt allerdings ein Zytokin-Sturm auf. Das ist eine potentiell lebensgefährliche Entgleisung des Immunsystems, bei der es zu einer sich selbst verstärkenden Rückkoppelung zwischen Zytokinen und

Immunzellen kommt. Sie ist eine schwere Verlaufsform des Zytokin-Freisetzungssyndroms (CRS).

Die genauen pathogenetischen Ursachen eines Zytokinsturms sind zurzeit noch unklar. Wahrscheinlich entsteht er durch eine extreme Empfindlichkeit des Immunsystems gegenüber bestimmten Proteinen. In der Folge schütten T-Zellen und Makrophagen ungebremst Zytokine wie TNF-alpha, Interleukin-1 oder Interleukin-6 aus. Sie rufen im Gewebe eine massive Entzündungsreaktion hervor. Ein Zytokinsturm kann im Rahmen von infektiösen und nicht-infektiösen Erkrankungen auftreten, z.B. bei Influenza. Bei dem Zytokinsturm von Covid-19 kann die Lunge nicht mehr frei atmen und muss beatmet werden.

Die Übertragung von Covid-19 findet über Tröpfcheninfektion statt, beispielsweise durch Anhusten. Ob die Krankheit auch auf anderen Wegen weitergegeben werden kann, ist bis heute nicht sicher bekannt. Auch völlig asymptomatische Patienten können die Erkrankung übertragen. Wurde man infiziert, ist man für die ersten 4,1 bis 7 Tage asymptomatisch. Das ist die sogenannte Inkubationszeit. Es wird angenommen, dass man erst sieben Tage nach Aufnahme der Infektion infektiös werden kann. Während der anschließenden Zeit kann man weiterhin zwar möglicherweise asymptomatisch, allerdings sicher infektiös bleiben.

Eine besonders hohe Sterblichkeitsrate wurde in der Stadt Kirkland im US-Bundesstaat Washington beobachtet. Dort verstarben im Evergreen Hospital von zehn an Covid-19 erkrankten Personen sechs. Das macht eine Mortalitätsrate von 60% aus. Dabei stellte sich heraus, dass Kirkland eine der ersten Städte in den USA ist, die komplett mit einem 5G-Netz ausgestattet ist und es schon sendet. Dort laufen auch Experimente mit selbstfahrenden Autos. Im Krankenhaus wurden ungewöhnlich hohe Wlan-Werte gemessen, die weit über die von der Regierung erlaubten Werte hinausgingen. Man kann deshalb mit ziemlicher Sicherheit davon ausgehen, dass Wlan-Bestrahlung ungünstig für infizierte Patienten ist.

Die Diagnose

Für die Diagnose gibt es einen PCR-Test, wobei jedes Land seinen eigenen Test entwickelt hat. Am langsamsten sind dabei die USA. Bis heute ist es den Amerikanern nicht gelungen, diesen Test in großen Mengen zu produzieren. Deshalb werden nur wenige Leute getestet. Der PCR-Test erkennt Virusmaterial, kann aber nicht unterscheiden, ob dieses lebendig oder tot ist. Wenn der PCR-Test positiv ist, hat der Patient die Erkrankung. Zu den Symptomen kommt ein Laborwert mit niedrigen Leukozytenzahlen hinzu, der bei etwa 4000, 3000 oder, wenn es noch schlimmer ist, bei 2000 liegt. Im Unterschied zu anderen Virusinfektionen ist die Lymphozyten-Zahl niedrig. Lymphozyten sind eine Untergruppe der Leukozyten. Bei anderen Virusinfektionen geht die Lymphozytenzahl in die Höhe.

V. Meine Gedanken zur Corona-Krise

Einen Sinn muss dieses Virus haben, und jeder kann ihm seinen Sinn geben, weil nichts in der Welt ohne Sinn geschieht. In dieser Zeit, in der sich die Nachrichten überwerfen und in der wir auch gezwungen sind, unser Leben zu leben, könnte das Virus eine Aufforderung sein, etliches, was im Leben selbstverständlich war, zu hinterfragen. Können wir das Corona-Virus als ein Wesen, als ein intelligentes Wesen bezeichnen, dem wir sogar einen Namen gegeben haben? Die Frage ist, wie stark muss er sich zeigen, damit wir aufwachen? Die Viren haben sich schon seit vielen Jahren angekündigt.

Die Frage ist: Was ist die tatsächliche Botschaft? Das Universum muss ja an dieser Aktion beteiligt sein, sonst würde sie nicht stattfinden. Vielleicht haben wir es in vieler Hinsicht tatsächlich übertrieben, z. B. was die Natur betrifft.

Unser Geist und unsere Hände, die uns gegeben sind, um etwas Gutes zu bewirken, haben der Natur und dem Planeten vieles zugefügt, so dass die Tiere aus ihren Gewässern und aus ihrer Umgebung vertrieben wurden, wohin sie jetzt nach ein paar Wochen wieder zurückkehren können. Ganz zu schweigen, wie Menschen sich gegeneinander verhalten, anstatt miteinander. Wie viele Grausamkeiten, Gewalttaten und Ausbeutungen sind überall geschehen und wie viele Kriege und Konflikte. Und immer ist es noch nicht genug, um mehr Profit und Gewinn herauszuschlagen – mit dem schönen Wort Umsatzoptimierung verkleidet.

Ganz zu schweigen, wie jeder die Gemeinschaft aus den Augen verloren hat, um nur seine eigenen Interessen zu verfolgen, wo die Ehrlichkeit, das Vertrauen und das Dienen keinen

Stellenwert mehr hat. Die Zeit des Miteinanders ist dem Logos des Gegeneinanders gewichen.

Gewinn hat einen höheren Stellenwert als das Wohlergehen. Das Wort Familie hat wenig Bedeutung und das Wohl unserer Kinder wird fremden Menschen überlassen.

Der Fokus ging verloren, von dem, was wirklich zählt, hin zum Vergänglichen. Die Spirale des Mehr und Mehr war mit jedem Preis einverstanden. Haben wir uns selbst dabei verraten? Die Verantwortung für sein eigenes Leben zu übernehmen, wurde weitgehend vergessen oder dem Staat überlassen. Gespräche und Streit über belanglose Dinge wurden zur Priorität erkoren. Die Schönheit, der Frieden, der Wohlstand, der uns beschert war, wurden als Selbstverständlichkeit betrachtet. Die eigenen persönlichen Ansichten wurden ohne Rücksicht über das Wohlergehen des anderen gestellt.

Erteilt das Virus eine Wachstumslektion, sodass wir uns wieder auf das Wesentlich besinnen? Und dass wir vielleicht außer Acht lassen, dass hinter einem Virus auch etwas Geistvolles zum Ausdruck kommt? Vielleicht bringen uns die vielen Toten und die Panik der Vorkehrungen zur Besinnung, so dass wir einen neuen Weg einschlagen und in der Lage sind, uns zu fragen, was für uns wirklich zählt. Wenn wir dieser Frage auf den Grund gehen, dann ist es am Ende nicht das Alleinsein und das Gipfeln in den Superlativen, sondern es geht um das Miteinander. Und um was geht es für jeden Einzelnen tatsächlich im tiefsten Kern? Es geht um unser Sein oder Nichtsein, und das hat schlichtweg nur einen Namen: das LEBEN.

Alle Umstände, die uns im Leben widerfahren, wollen uns nicht vernichten, sondern uns anstoßen, um nach vorne zu gehen. Jeder von uns kennt es. Liegenbleiben ist oft wesentlich schöner als Aufstehen.

Wer Disziplin kennt und sie anwendet, weiß um ihren Nutzen. Wer sich selbst zu disziplinieren weiß, ist nicht so leicht aus der Spur zu werfen. Sonst handeln wir kopflos und in Panik. Jetzt, in dieser Ausnahmezeit, kommt es auf unsere innere Basis an. Wer in der Lage ist, präzise zu denken und zu fühlen, der übersteht die schweren Zeiten länger und wächst sogar daran.

Wenn unser innerer Führer positiv und diszipliniert ist, können wir nur gewinnen.

Wer es noch nicht ist, kann es jetzt werden, um sich zu schützen und davon zu profitieren.

1. Deshalb mein erneuter Hinweis: Lächle! Das Lächeln sorgt für ein gutes und starkes Immunsystem und genau das brauchen wir heute. Wer zuversichtlich bleibt, kann auch lächeln.
2. Sich in das Innere zurückzuziehen ist die zweite Eigenhilfe. Still werden, leise sein, den Sinn und den Sinn des Lebens hinterfragen. Wer die Ablenkung sucht, kann nicht gesammelt bleiben.
3. Setze dich hin und reflektiere, wie viele Gründe und Personen es in deinem Leben gibt, denen du Anerkennung, Liebe und Dankbarkeit schuldest. Nimm dein kostbares Tagebuch und schreibe mindestens einer Person einen Dankesbrief. Dieser wird monatelang positive Kräfte in dir und in der Person, an die der Brief gerichtet ist, entwickeln, ohne dass du ihn abschickst. Doch bitte lies diesen Brief mindestens einmal pro Tag, allerdings sieben Tage lang.

Allein wenn du dir diese drei Vorschläge zu Herzen nimmst und umsetzt, hast du dein Immunsystem verstärkt, es ist doppelt so stark wie zuvor.

VI. Die Macht der Überzeugung

Ich möchte mit einer Frage beginnen: Existiert ein Bewusstsein und entsteht aus dem Bewusstsein eine Idee, und formt sich aus der Idee zum Beispiel ein Plan für ein Haus, für ein Buch oder für den Umgang mit einem Virus, der dann realisiert wird?

Je länger wir uns mit einer Idee befassen, umso mehr entwickelt sich daraus ein Feld. Wir nennen es das morphische Feld. Wir alle leben in solchen Feldern. Es gab immer Ideen, und es wird nicht hinterfragt, ob eine Idee richtig oder falsch ist. Daraus sind auch alle Religionen entstanden. Das heißt: Jemand hatte eine Idee und andere sorgen dafür, dass es genügend Anhänger gibt. Diese Idee wird dann mit allen Mitteln der Kunst verteidigt. Bestimmte Personen übernehmen dann diese Ideen als eigene Überzeugungen. Personen, die dieser Idee anhängen und davon überzeugt sind, verteidigen diese so, als würde es um ihr eigenes Leben gehen.

Uns selbst ist allen gut bekannt, wohin einige Überzeugungen führen können. Wie verhält es sich beispielsweise mit dem Krieg? Viele sprechen ja im Zusammenhang mit dem Corona-Virus sogar von einem Krieg. Dem jeweiligen Land wird dann mitgeteilt: Da ist jemand, der uns bedroht. Dieser andere hat natürlich eine andere Überzeugung, eine andere Idee als die, die wir haben! Deswegen muss man den anderen bekämpfen, nach Möglichkeit sogar vernichten. Das gilt auch für diejenigen, die den Krieg ablehnen. Auch sie sind anderer Meinung als diejenigen, die einen Krieg befürworten. Aber es ist nicht gesagt, dass die herrschende Überzeugung richtig ist. Das stellt sich erst später heraus. Manchmal erst, wenn viel Leid und Schmerz die Folgen waren.

Wie entsteht eine Überzeugung, ein Glaubenssatz? Zuerst in der Familie! Was wir als Kind hören, nehmen wir an. Ein Kind kann nicht unterscheiden, ob etwas richtig oder falsch ist. Deshalb hängt ein Kind mit Treue und Glauben und gutem Gewissen den Vorstellungen seiner Eltern an. Es hat natürlich auch Angst, wenn es nicht das gleiche glaubt und danach handelt, wie es die Eltern machen. Dann bekommt es ein schlechtes Gewissen und hat Angst, nicht mehr zu diesem morphischen, systemischen Feld der Familie zugehören zu dürfen.

Wir wissen alle, dass Gedanken Wirklichkeit erschaffen. Zuerst war die Idee, dann kam das Wort, der logos. Heute werden in der Quantenphysik Versuche meistens nicht mehr von denjenigen Physikern durchgeführt, die sich ein Modell ausgedacht haben. Sie lassen sie von fremden Personen ausführen, um so ein wirklich reales Ergebnis zu erhalten. Denn der Gedanke und das Beobachten beeinflussen das Feld. Weshalb? Weil es nichts gibt, das nicht miteinander verbunden ist. Wir sind alle verbunden. Es gibt in der Bibel einen schönen Satz von Jesus: „Was ihr für einen meiner geringsten Brüder getan habt, das habt ihr mir getan“ (Mt 25,40).

Wie ist das zu verstehen? Wir haben Milliarden Körperzellen. Durch die Astronomie und Physik weiß man heute, dass der Körper hauptsächlich aus drei Grundstoffen besteht: Wasserstoff, Kohlenstoff und Sauerstoff. Das sind Atome, die gar nicht bestehen oder überhaupt existieren könnten, wenn nicht zuvor eine Kernfusion stattgefunden hätte. Es hat sich im Kosmos eine Explosion ereignet, durch die Kohlenstoff und der Sauerstoff entstanden. Beim Wasserstoff handelt es sich um eine andere Ebene. Das heißt also: Die Sterne, die damals vor langer Zeit verglühten, bilden mit ihrem Sternenstaub heute unsere Zellen. Das ist der heutige Stand der Wissenschaft. Dieser Sternenstaub ist wortwörtlich dafür verantwortlich, dass ein Leben auf einem Planeten stattfinden kann.

Aus der Verbindung von Kohlenstoff, Sauerstoff und Wasserstoff entstand vor langer Zeit das, was wir Leben nennen. Gleichgültig, ob es sich dabei jetzt um eine Pflanze, einen Stein oder uns handelt.

Diese Ansammlung von Atomen, die wir zwar fest nennen, ist in Wirklichkeit aber nicht fest. Sie ist immer in Bewegung. Das wäre genauso, wenn ich mit meiner rechten Hand die linke Hand abhacken würde.

Wenn wir unsere Glaubenssätze und unsere Überzeugungen einmal prüfen, dann kann man feststellen: Wenn ich glaube, dass ich angegriffen werde, dann werde ich auch angegriffen. Wenn ich glaube, dass ich etwas nicht verdient habe, dann werde ich nichts bekommen. Und wenn ich glaube, dass ich nicht liebenswert bin, dann wird mich auch niemand lieben. Ich beginne mit meinem Bewusstsein, das zu tun, was ich denke. Und es endet in einer selbsterfüllenden Prophezeiung. Unsere Ahnen würden sich jedoch freuen, wenn wir sie und uns selbst Kraft unseres Bewusstseins aus diesen unseren Verstrickungen lösen würden.

Was passiert beispielsweise bei einer Aufstellung? Wir stellen mit einigen Personen ein System auf. Und wenn alle ganz genau beobachten – ohne Absicht, rein, klar, nur ausgerichtet – was geschieht dann? Was sich in dem System verfestigt hat, wird durch die freigesetzte Energie durch die Beobachter zusammenbrechen, kollabieren. Weil sich als Beobachter alle Atome in unserem Körper auf das Beobachtete ausrichten, je nach Bewusstsein. Solange etwas nicht beobachtet wird, hängt es vielleicht Millionen Jahre irgendwo frei herum. Aber in dem Augenblick, in dem wir es beobachten, wird es vor unseren Augen lebendig.

Wenn wir genau auf eine Aufstellung schauen, dann tritt zwangsläufig der Spiegeleffekt ein, sodass sich auch ein Teil von mir in dieser Aufstellung spiegelt. Weitere unzählige Anteile meiner Ahnen, denn meine Ahnen sind deine Ahnen, denn die Verbindung von Mensch zu Mensch findet auf derselben Ebene statt. Es gibt kein anderes Feld für einen Menschen als das von Mensch zu Mensch. Erst wenn wir das erlebt, geschaffen und realisiert haben, dann können wir weiter schauen: Mensch, Erde. Und noch weiter: Mensch, Erde, Kosmos. Und somit sind wir es, die unsere Lebensumstände hauptsächlich selbst erschaffen. Mit meinem Bewusstsein, das abhängt von meiner Kraft der zentrierten Beobachtung, und je nachdem, wie weit ich mich ohne Wertung auf das einlassen kann, was ich anschaue. Und was ich dabei empfinde, wird unmittelbar seine Früchte tragen, weil der Körper und der Stoffwechsel nie schlafen.

In dem Augenblick, wenn ich keine Wertung ins Spiel bringe, hat sich der Vorhang für eine Veränderung in mir bereits geöffnet. Das heißt: Ich bin ein Mitschöpfer von allem, was mir geschieht oder geschenkt wird. Aus diesem Grund achte ich zuerst auf meine Gefühle, denn aus meinen Gefühlen entsteht Bewusstsein, aus dem Bewusstsein eine Idee und aus der Idee ein Wort. Und die Worte werden zu Handlungen, und die Handlungen werden zum Schicksal. Das nenne ich dann mein Leben. Dafür brauche ich niemand anderen zu beschuldigen, der andere spiegelt nur wider, was ich aussende. Er kann gar nicht anders. Ich brauche nicht mit den Gefühlen eines anderen Menschen zu spielen und testen, was ich noch alles tun darf. So vergeude ich nur meine Lebenszeit. Der erste Schritt, etwas zu verbessern, ist etwas, das ich jederzeit tun kann, was mich auch gar nichts kostet – außer meine eigene Disziplin: Es ist das Lächeln und die Zuversicht, die ich aussende – sie wird zu mir zurückkehren.

Wenn ich euch jetzt anschaue: Wie viele sind in der Lage, ganz ohne Grund zu lächeln? Nur wenige. Die eigene Disziplin ist nicht stark genug, wenn ich nicht ohne Grund lächeln kann.

Wenn ich einen alten, festgefahrenen Glaubensvorsatz in mir habe, wird es in meinem Leben nichts zu lachen geben. Dann geht mein Leben und alles, was daraus folgt, genauso weiter wie bisher.

Meine Körperzellen antworten in jedem Augenblick. Die neue Medizin beweist es, die Kinesiologie und die Bioresonanz berufen sich auf dieses Prinzip. Der Körper reagiert. Weil jede einzelne Zelle des Körpers die komplette Weisheit in sich trägt.

Alle Körperzellen sind darauf ausgerichtet, den Körper zu erhalten. Sie haben nur diese eine Absicht. Angenommen, ich würde jemanden so kratzen, dass er etwas blutet, dann würden sofort alle Körperzellen an diesen Ort eilen, um zu verhindern, dass Blut verloren wird. Also: Es gibt hinter allem eine kosmische Kraft, von der wir nichts wissen, die immer das Beste für uns will. Das heißt: Sie will das Leben erhalten und zwar in einem optimalen Zustand. Wenn zuerst das Wort ist, dann denke ich beispielsweise, dass es mir heute gut geht. Ich kann dafür auf irgendein Objekt wie etwa ein Foto schauen oder eine Erinnerung wählen, die mir Freude bereitet. Oder ich höre Musik, die mir gefällt – oder was auch immer, um mir selbst unter widrigsten Umständen ein Lächeln abzuringen. Und schon habe ich meine Bewegung und den ganzen Stoffwechsel in eine neue Richtung gelenkt. Dadurch trete ich in das Feld einer neuen Resonanz mit anderen ein, z. B. mit denjenigen, die glücklich sind.

Rupert Sheldrake hat mit seinen Forschungsarbeiten zu den morphischen Feldern bewiesen, dass es keine Rolle spielt, wie weit entfernt ich von einem glücklichen Menschen bin. Wir sind immer alle eins. Und ich entscheide, ob ich glücklich oder traurig bin. Wenn ich traurig bin, trete ich in Aktion mit diesem traurigen Feld. Ich kann aber auch bewusst heraustreten. Die Antwort ist schon vor der Ausführung der Handlung präsent. Es muss also irgendwo etwas geben, das die Antwort bereits weiß und gibt. Sonst könnte doch der Körper mit all seinen Energiefeldern darauf nicht reagieren.

Es gibt keinen Zeitverlust zwischen mir hier und dem entferntesten Ort, an den ich denke. Jede Veränderung, die ich hier vollziehe, findet gleichzeitig auch dort statt. Wenn ich ein Gefühl der Freude und Liebe in mir für jemanden hege, wird der andere das sofort spüren, ohne dass Zeit vergeht, bevor ich es denke.

In Russland gab es einen Ort, zu dem schwerkranke Personen kommen konnten. Sie mussten nur zwei Dinge erfüllen und 40 Tage unter ihresgleichen bleiben. Danach waren die Schwerstkranken gesund. Die zwei Dinge waren:

1. Komplett aufrecht stehen und gehen, Maximum in der Achse sein, den ganzen Tag über, sogar beim Sitzen.
2. Wieder und wieder den ganzen Tag über, außer wenn man schlief, lächeln. Einmal profund gelernt, setzte sich das Lächeln sogar im Schlaf fort.

Wer nur zwei oder drei Minuten vergaß zu lächeln, musste diesen Tag wieder an die vorgegebenen 40 Tage dranhängen oder nach Hause gehen. Alle wurden mit Ferngläsern beobachtet. Sie mussten zum Beispiel weit entfernt Wasser holen und es bergauf zurücktragen – auf dem Kopf, damit sie gerade gingen. Wer es nicht gewohnt ist, aufrecht zu gehen, weiß was es kostet, zwei Kilometer bergauf zu gehen. Natürlich haben viele immer wieder das Gefäß abgeworfen und waren wütend und fluchten. Sie mussten dann wieder zurückgehen, denn sie durften nicht ohne Wasser ankommen. Denn es wurde von allen oben in der Unterkunft benötigt.

Als sie dann entlassen wurden, gab es für jeden ein persönliches Gespräch mit dem Leiter. Viele sagten, dass sie das Wasser nicht getragen hätten, wenn es nicht wirklich von allen benötigt geworden wäre. Der Gesprächsführer öffnete nach dem Gespräch eine Tür und zeigte auf einen Wasserhahn und ein Becken. Demonstrativ drehte er den Wasserhahn auf. Sie hatten immer genug Wasser oben am Berg gehabt. Doch der Mensch muss mit etwas beschäftigt sein, damit die Person eine innere Disziplin zu erfüllen hat. Ohne innere Disziplin kein Erfolg! Wenn ich mich selbst nicht diszipliniere, dann wird nichts aus mir werden. Die erste Disziplin ist: Ich kann meine Glaubenssätze aus der Vergangenheit loslassen, ich kann sie jeden Tag neu formen.

Alles, was jemals geschehen ist, ist in unserem Körper gespeichert. Genauso kann es ausgelöscht werden. Alle unsere Körperatome sind ständig in Bewegung, doch ich kann ihnen einen neuen Spin geben. Der neue Impuls wäre: Wir sind allen in Liebe zugewandt, all denen, die physisch anwesend sind, aber auch den Millionen anderen, die keinen irdischen Körper mehr besitzen. Sie schauen zu und deshalb gibt es für sie ebenso eine Veränderung, weil sie in uns noch da sind. Wenn dein Herz mit Liebe ausgerichtet ist, dann bildet sich eine kritische Masse, die alles einstürzen lässt, was vorher war.

Osho hatte in San Francisco folgendes Experiment durchgeführt: Tausende Menschen meditierten mit dem gleichen Ziel, und die Kriminalitätsrate reduzierte sich um 40 bis 50 Prozent. Verbote führen nicht weiter. Mein Mann Bert sagte immer: „Es gibt keine Fehler, es gibt nur Umwege." Also: Wir können uns neu ausrichten, sodass es uns allen gut geht, dass wir glücklich sind. Dass wir in der Fülle leben in der Liebe, im Beruf, in der Gesundheit, im Finanziellen – was auch immer. Die Natur kennt keine Begrenzung. Sie existiert nur in unserem Kopf.

Wenn du die Überzeugung hast „ich kann es, wir schaffen es", dann hast du den ersten Baustein für dein inneres Haus gelegt. Die Familienaufstellung überschreitet alle Grenzen.

Sie reißt alle Grenzen ein. In dieser Dimension gibt es weder ein Gut noch ein Böse. Weder Gott noch Teufel, weder Krieg noch Frieden, sondern nur die Leichtigkeit des Seins. Und natürlich die Zugewandtheit, nicht die Liebe, die etwas will.

Das, was die Hellinger®schule anbietet, ist eine Schule des Herzens, die zur Erfahrung führt. Es ist nicht die Schule des Kopfes. Resonanz ist das Gesetz. Wenn du mit dem Herzen sprichst, hast du alles, was du brauchst. Lass deine Glaubensvorstellung „ich kriege nicht genug“ los. Öffne dein Herz und sage: „Jetzt nehme ich alles. Es ist viel mehr, als ich brauche, als ich umsetzen kann.“

Es ist die Liebe zu den Menschen!

VII. Cosmic Power® und das wahre Glück in schwierigen Zeiten

Sind Reichtum, materielle Güter und der Erfolg im Allgemeinen die Ursachen des Glücks?

Ist angehäufter Reichtum dem Glück gleichzusetzen?

Wenn dann noch gute Gesundheit und gute Beziehungen zu Mitmenschen hinzukommen, sind wir dann am Ziel aller Ziele?

Zeit haben, Geld, Reichtum, Gesundheit und Liebe werden in der Vorstellung häufig mit dem wahren Glück gleichgesetzt.

Ich behaupte, dass Wohlstand, Erfolg, Gesundheit und erfreuliche zwischenmenschliche Beziehungen nicht die Ursache, sondern ein Nebenprodukt des Glücks sind. In der Tat ist es so, dass glückliche Menschen häufig viele Dinge richtig machen, die dann zu einem guten Ergebnis führen. Gleichzeitig wissen wir auch, dass häufig Menschen, die unbeschreibliche Reichtümer geerbt oder überdurchschnittlichen Erfolg hatten, in ihrem Innersten zutiefst unglücklich sind.

Wir können auch beobachten, dass eine gute Gesundheit als eine reine Selbstverständlichkeit betrachtet wird, die leichtfertig aufs Spiel gesetzt wird. Genauso kann die glücklichste Familie von einem Tag auf den anderen durch ein völlig unerwartetes Ereignis in die tiefste Krise rutschen. Bleiben diese Menschen dann immer noch glücklich, oder befinden sie sich in einem miserablen Zustand?

Ich behaupte: Wenn ich durch Titel, Erfolg, Wohlstand, Liebe und Reichtum glücklich bin, dann ist das ein geliehenes

Glück. Es hängt von anderen oder bestimmten Umständen ab. Klar ausgedrückt: Ich bin manipulierbar, steuerbar und abhängig. Wahres, tiefes Glück bedarf keiner vorgegebenen Konditionen, die durch eine Verschiebung oder einen Verlust uns in tiefstes Unglück stürzen können.

Ich bin der Auffassung, dass wir hier nicht vom wahren Glück sprechen können. Alle vorgenannten Eigenschaften bzw. Produkte sind in der Tat Begleiterscheinungen des wahren Glücks.

Doch was ist wahres Glück?

Dieser Frage möchte ich hier nachgehen. Viele Angebote, die wir täglich verfolgen können, handeln z.B. davon, wie man eine Krankheit vermeiden kann, wie ein Unglück kuriert werden kann. Wer daran Schuld trägt, dass dieses oder jenes so ist, wie es ist oder so eingetreten ist. Speziell in der Psychotherapie wird davon ausgegangen, dass die Personen unbedingt Unterstützung brauchen. Einiges hat sich diesbezüglich seitdem geändert, weil die Positive Psychologie im Vormarsch ist. Andere wiederum stellen sich die Frage: Ist Glück eine genetische Prädisposition?

Manche meinen, Glück sei Zufall. Andere meinen, es sei eine Illusion, dass das Glück überhaupt allen zugänglich sein könnte.

Andere wiederum meinen, speziell in der Positiven Psychologie, dass man sich nur einige Formeln zu eigen machen müsste.

Es ist bekannt, dass die Einstufung einer Situation für einige eine Herausforderung für Wachstum darstellt und für andere eine Katastrophe, die zu einer Lethargie führt. In der Tat gibt es dazu Forschungsergebnisse über das Gehirn, aus denen zu erkennen ist, ob jemand ein Geschehen als Problem sieht oder als eine günstige Gelegenheit interpretiert, etwas zu verändern. Je nach Gehirnfunktion entscheiden diese Menschen, ob ein Glas halb leer oder halb voll ist. So können wir ihre Veranlagungen und ihre Einstellungen erkennen. Es stimmt, dass es sein kann, dass teilweise und zu unterschiedlichen Prozentsätzen dieses Verhalten prädisponiert ist. Es besteht eine große Wahrscheinlichkeit, dass jemand diesbezüglich belastet ist, wenn die Eltern unglücklich waren oder andere miserable Ereignisse stattgefunden haben.

Wie zwischenzeitlich wissenschaftlich bewiesen ist, werden die Gene der Kinder durch die Umwelt geprägt. Das Gehirn des Kindes spiegelt das Umfeld der Erwachsenen. Die Spiegelneuronen spielen für das Erkennen neuer Verhaltensweisen eine entscheidende Rolle. Kleinkinder beobachten ihre Eltern einfach, und dadurch beginnt bereits das neuronale Feuerwerk in ihren Gehirnzellen der jeweiligen Region, die die betreffende Aktivität widerspiegeln.

Ein Forschungsergebnis: Ein Kleinkind, das gerade auf feste Nahrung umgestellt wird und mit den Eltern beim Essen sitzt, kann beobachten, dass, wenn diese die Speisen in den Mund führen, bei ihnen gewisse Hirnareale aufleuchten. Mit den modernsten, bildgebenden Verfahren konnte festgestellt werden, dass im Gehirn des Kleinkindes nur durch die Beobachtung exakt genau die gleichen Hirnareale wie bei den Eltern aufleuchten. Das gerade sich ausformende Gehirn des Kindes lernt auf diese Weise ein neues Verhalten. Es weiß, wohin es die Nahrung führen muss.

Diese Forschung liefert den Beweis für ein physikalisches, geheimnisvolles Phänomen: Die Fähigkeit der Anteilnahme, das zu empfinden, was gerade ein anderer empfindet. Das Mitgefühl ist eine Fähigkeit, die manche Menschen haben und andere wiederum gar nicht. Diese Fähigkeit ist bei mir dermaßen ausgeprägt, dass ich nicht selten darunter wirklich stark physisch leide. Allein bei einem Gespräch mit jemandem wird mir richtig übel, so dass ich eine Auszeit brauche. Häufig ist das der Fall, wenn jemand über eine andere Person spricht, die ich weder kenne, geschweige denn, etwas von ihr weiß. Ich kann alle Gefühle und sämtliche Begleiterscheinungen dieser Person fühlen, und ich weiß sogar, was sie denkt und tut.

Diese Phänomene wurden per MRT und CT überprüft. In diesem Zusammenhang wurde wissenschaftlich erkannt, dass der Anteilnahme eine ganz entscheidende Bedeutung im Leben zukommt. Weil die Neuronen des Kindes die Gefühle der Personen ihres Umfeldes spiegeln, kann das Kind genau das erfassen, was diese Bezugspersonen empfinden. So kann es sein, dass das Nervensystem des Kindes, bevor es selbst einen Grund hat, glücklich oder unglücklich zu sein, von den Eltern oder von der einen oder anderen Verhaltensweise geprägt wird. Es konnte allerdings nicht erforscht werden, weshalb bei einigen die Programmierung auf Anteilnahme oder auf Glücklich- oder Unglücklich-Sein folgenlos blieb.

Aufgrund vorliegender Ergebnisse könnte man voreilig zum Rückschluss kommen, dass wir unseren Eltern auf Gedeih und Verderb wehrlos ausgeliefert seien. Die Annahme, dass unsere Eltern unser Verhängnis oder Glück sind, ist allerdings nicht haltbar. Es wäre sogar der größte fatale Fehler, dem wir unterliegen können. Fakt ist, dass es sich weder bei den Genen noch in unserem Gehirn um eine ewig festgeschriebene Struktur handelt.

Tatsache ist, dass das Leben nichts Feststehendes ist, sondern dass alles, was uns ausmacht, einem permanenten Prozess unterliegt. Indem sich ständig alles neu entfaltet und verändert. Durch jede Entscheidung, die ich treffe, z. B. glücklich zu sein, werden an das Gehirn Signale gesendet, die sich dann im Gehirn weiterleiten und einen chemischen Prozess in Gang setzen. Durch jedes kleinste Signal, das wir durch die minimalste Entscheidung dem Gehirn geben, formt und gestaltet sich unser Gehirn um und aus. Die Weltsicht, die sich in unseren

Überzeugungen widerspiegelt, wird dann zu einer selbsterfüllenden Prophezeiung. Jedes Mal, wenn der gleiche Gedanke in uns aufkommt – wie z.B. „ich bin nicht geliebt“, „ich bin das Opfer“, „ich werde immer ungerecht behandelt“, „ich bin zu dumm“, „ich bin zu alt“, „ich bin nicht schön genug“ – wird wieder und wieder die gleiche Negativität wiederholt. Dadurch prägen sich die Nervenbahnen gewohnheitsmäßig mehr und mehr aus. Jeder Mensch kann diese Glaubenssätze im Jetzt hinterfragen. Gibt es dafür überhaupt noch die gleichen Voraussetzungen oder halte ich sie einfach mit meiner Einstellung als Gewohnheit immer und immer wieder erneut am Leben?

Jeder Mensch, der wirklich etwas verändern will, kann durch andere Gedanken die IST-Situation verändern. Hier zwei Beispiele: Es kann sein, dass ich früher nicht genug wusste, doch heute habe ich so viel Lebenserfahrung, so dass ich allein dadurch einen guten Beitrag leisten kann. Oder: Ja, es war früher so, dass ich ein Opfer der Umstände war, doch gerade deswegen kann ich heute gut unterscheiden.

Heutzutage wissen wir bereits: Wenn ich geliebt werden will, dann muss ich zuerst Liebe geben. Es gilt als erwiesen, dass allein durch die Veränderung der Gedanken bereits ein anderer chemischer Prozess im Gehirn äußerst effektiv stattfindet.

Wenn wir dann dazu noch die bewusste Atmung sowie die Meditation praktizieren, haben wir bereits die Segel auf Erfolg gesetzt. Indem wir ruhig dasitzen und unsere Atmung beobachten, wird der präfrontale Kortex, die Stirnhirnrinde, aktiviert. Dort ist auch der Sitz des höheren Denkens und die Stimulierung zur Freisetzung von Neurotransmittern.

Die Glückshormone Dopamin und Serotonin, das Bindungshormon Oxytocin und körpereigene Opioide wie beispielsweise Endorphine gelangen in den Blutkreislauf. Alle diese Hormone haben im weiteren Sinn mit unserer Glückseligkeit zu tun.

Die Ausschüttung von Opioiden ist auch ein vom Körper selbst hergestelltes Schmerzmittel.

Oxytocin ist ein Hormon der Freude. Es wird bei sexueller Erregung verstärkt ausgeschüttet.

Serotonin steht im Zusammenhang mit einem besseren Selbstwertgefühl.

Dopamin erkennt man als Antidepressivum an.

Bis jetzt gibt es noch keine einzige chemische Substanz, die alle Hormone in dieser Höhe freisetzen und steuern kann.

Jeder kann für sich die richtige Atmung und die richtige Einstellung der Meditation als äußert effektiv und wirkungsvoll erkennen und erfahren. Weil die diesbezüglichen Botenstoffe in unserem Gehirn die Nervenbahnen in vorteilhafter Weise vernetzen und verändern. Die Folge davon ist, dass sich unsere Lebensqualität zum Positiven verändert.

Wer die Atmung und Meditation von Cosmic Power® konsequent praktiziert, wird die Wirkung nach einigen Wochen selbst erleben. Meine Empfehlung: mindestens sechs Wochen täglich diese Kombination aus bewusster Atmung und Meditation praktizieren.

Was bringt mir die Praxis der bewussten Atmung?

Die sechs Gewinne der bewussten Atmung:

1. Besserer Schlaf
2. Stärkeres Immunsystem
3. Besseres Gedächtnis
4. Schnelleres Auffassungsvermögen
5. Großes Wohlbefinden
6. Jugendliches Aussehen

Eigentlich ist die Atmung die natürlichste Sache der Welt, doch überraschenderweise kann man sehr viel falsch machen. Das passiert viel öfter, als wir denken. Wenn wir nie eine bewusste Bauchatmung durchführen und auch wenig bis gar keinen Sport treiben, dann bleibt es bei einer oberflächlichen Atmung. Dann kann sich sehr schnell – besonders bei älteren Menschen – in den Lungenspitzen Flüssigkeit ansammeln. Dadurch wird das mögliche Sauerstoffvolumen in der Brust eingeschränkt.

Eigenständiges Atmen bedeutet, bewusst am Leben teilzuhaben. Die es nicht mehr können, werden künstlich beatmet oder sind tot.

Wir können die Vorteile einer bewussten, gezielten Atmung gar nicht hoch genug einschätzen. Über die Atmung sind wir im ständigen Austausch mit allem, was existiert. Auf die Luft bezogen, können wir uns nicht isolieren, denn jedes Lebewesen atmet ein und aus. Ob wir es wollen oder nicht, wir müssen mit diesem Luftcocktail vorliebnehmen. Gerade deshalb ist es so wichtig, auf den effektiven Austausch der Luft zu achten, weil sich alles, was lebt, gegenseitig und wechselweise beeinflusst.

Gerade heute, in dieser turbulenten Zeit, sollten wir gut auf uns und unsere Gesundheit achten. Die gezielte Atmung ist einer der wirkungsvollsten Schritte, um unser Wohlbefinden zu steigern. Die Folgeerscheinungen dieser bewussten Atmung sind ein Instantverfahren, um den Stresspegel zu senken.

Gerade in der heftigen Zeit dieser Pandemie sterben mehr Menschen mit vorgeschädigten Lungen- und Atmungserkrankungen, als uns allen lieb ist. Die schlechte Sauerstoffversorgung im Gehirn und in den Organen erzeugt zusätzlichen Stress in allen weiteren Abläufen des chemischen Stoffwechsels in unserem Körper. Es entsteht eine Art Notstandsituation, die nach mehr Sauerstoff ruft. Der kann aber aufgrund der zu flachen Atmung nicht ausreichend nachgeliefert werden.

Wenn wir nicht an Überreizung durch Angst- und Panikmache sterben, so ist der Stress dennoch einer der schwerwiegendsten Faktoren, um schneller zu erkranken. Sicher kompensiert unser Körper über Jahre diese Reizüberflutungen durch die Ausschüttung von Adrenalin. Aber sobald ein zweiter oder dritter Faktor hinzukommt, wird es wirklich gefährlich. Weil unser Körper dann eventuell nicht mehr in der Lage ist, vier oder mehr Faktoren zu kompensieren. Damit sind genau die Voraussetzungen für die verheerende Auswirkung der Pandemie mit tödlichem Ausgang geschaffen. Aus diesem Grunde möchte ich mit euch neue Wege gehen, die wenig Zeit brauchen, aber eine bestimmte Regelmäßigkeit erfordern.

Es ist bereits allseits bekannt, dass wir ohne weiteres ohne feste Nahrung überleben und leben können. Es scheint so zu sein, dass der Körper die feste Nahrung bei einer ganz bewussten Einstellung und Geisteshaltung nicht braucht. Doch es gibt so gut wie keine Möglichkeit, ohne Luft zu leben. Wenn uns der Sauerstoff oder die Luft zum Atmen länger als drei oder mehr Minuten entzogen wird, nimmt unser Gehirn einen nicht mehr gutzumachenden Schaden. Wer es überlebt, liegt häufig im Koma, ein Zustand, der für alle Beteiligten zur Belastungsprobe wird.

Der Corona-Virus lehrt uns, dass eine gesunde Lunge wie ein Freifahrtschein für den Infizierten ist. Man kann infiziert sein, und dennoch schafft es unser Immunsystem, das Virus in sich zu tragen, ohne selbst Symptome zu zeigen. Das wird bei Kindern häufig beobachtet. Über die Luft sind wir im ständigen Austausch mit dem TAO, mit dem „Nichts", in dem sozusagen alles enthalten ist. Ich denke, dass es für uns Menschen die Aufgabe schlechthin ist, uns auf diese Kraft einzuschwingen, die hinter allem wirkt. Diese Kraft – wenn ich sie als solche bezeichnen darf – kennt keine Unterscheidung von Gut und Böse und keine Unterscheidung von Rasse und Kultur und keine Unterscheidung von Jung und Alt oder von

Geschlecht. Wir sind alle in ihr aufgehoben, kamen von dort und kehren dorthin zurück.

Meine Erfahrung diesbezüglich ist, dass wir mit dieser Kraft ganz bewusst in Kontakt treten können. Doch wie?

Ganz einfach, genauso wie in allen anderen Bereichen auch. Wenn ich etwas wissen will, dann muss ich fragen. Doch wie frage ich? Genauso, wie ich sonst frage. Der einzige Unterschied liegt darin, dass mir niemand gegenübersteht, den ich sehen oder mit meinen physischen Ohren hören kann.

Es bedarf nur einer kleinen Umstellung, um die Antwort empfangen zu können:

1. Wach sein.
2. Augen auf, alles wahrnehmen.
3. Das innere Hören aktivieren.
4. Das braucht innere Ausrichtung und einen Rückzug.

Denn im Getriebe und Lärm überhören oder übersehen wir schnell eine Antwort oder ein Zeichen. Das kann im Titel einer Zeitung, in einem Magazin oder im Radio sein. Um Fragen beantwortet zu bekommen, eignet sich der Rückzug in die Meditation noch besser.

Meditieren heißt nicht schlafen, meditieren heißt: Der Körper schläft, aber der Geist und die Sinne sind hellwach. Wenn du zuvor eine ganz bestimmte Frage gestellt haben, feuern die Neuronen in diesem Zustand ganz heftig. Der Zuhörer in uns sucht auf allen Ebenen nach einer Antwort. Du wirst sie auch bekommen. Wenn du dann nicht geübt bist, wirst du sie wahrscheinlich nicht sofort hören können.

Doch habe Geduld. Kein Baum wächst in einer Stunde zur vollen Größe. Ein bisschen Geduld und fleißiges Üben führen zum Erfolg. Bei regelmäßigem Üben wird sich dein ganzes Leben verändern. Je öfter du dieselbe Frage stellst, umso sicherer wird es sein, dass du eine grandiose Antwort erhältst. Durch das Stellen der Frage legst du im Gehirn neue neuronale Pfade an. Je öfter du dann entsprechend der erfolgten Antwort handelst, umso breiter und stärker prägen sich diese neuen Verbindungen aus. Werde nicht müde, die gleiche Frage so lange zu stellen, bis du eine Antwort erhalten hast, die du auch verstehst und in die Tat umsetzen kannst und musst! Nur die Übung macht den Meister.

Geduld, Vertrauen und Beharrlichkeit führen dich unweigerlich ans Ziel.

So, jetzt atmen wir gemeinsam und fokussieren uns auf unser Lebenselixier, die Luft.

Anschließend meditieren wir gemeinsam.

Ich führe dich dabei. Dadurch erhalten unsere Frontallappen hinter unserer Stirn einen neuen Impuls – also eine neue Information, die zu neuen Ergebnissen führt.

Ziehe dich jetzt an einen Ort zurück, an dem du nicht gestört werden kannst. Es soll ein Ort sein, an dem du dich wohl fühlst. Stelle das Telefon und die Türklingel ab. Stell dich aufrecht mit geraden Rücken an einen Ort, an dem du es 30 Minuten bequem aushalten kannst.

Weil wir das wahre Glück ergründen wollen und es in unserem Körper erleben wollen und können, beziehen wir ihn mit ein.

1. Atme mit offenem Mund langsam und konzentriert aus. Lass los, die Schultern senken sich.
2. Tief durch die Nase mit geschlossenem Mund einatmen, zähle innerlich dabei bis 8.
3. Ausatmen, langsam den Atem ausströmen lassen und dabei bis 8 zählen.

Alles dreimal wiederholen.

Sei dir deines Körpers bewusst, lausche und fühle in ihn hinein. Gibt es irgendwo im Körper einen Druck, ein Stechen, ein Brennen oder ein Zwicken? Dann lenke deine Aufmerksamkeit dorthin und bleibe so lange an dieser Stelle, bis das Symptom verschwindet. Du musst nur lang genug warten. Dann ereignet sich in dir ein physikalisches Gesetz. Die Energie folgt der Aufmerksamkeit. Bleibe präsent an dem Ort – und die Erleichterung wird einsetzen.

Unser Körper und das ganze Universum sind eins. Unser Bewusstsein ist die Schnittstelle, an der sich alles ereignet. Unzählige Vorgänge finden zur selben Zeit statt. Unser Körper leistet so viel, wie alle Computer der Welt zusammen nicht zustande bringen.

Deshalb wiederholen wir die bereits gemachte Übung noch einmal.

1. Atme mit offenem Mund langsam und konzentriert aus. Lass los, die Schultern senken sich.
2. Tief durch die Nase mit geschlossenem Mund einatmen, zähle innerlich dabei bis 8.
3. Ausatmen, langsam den Atem ausströmen lassen und dabei bis 8 zählen.

Dreimal wiederholen.

Jetzt richten wir unseren Fokus auf die Gegenwart. Nur jetzt auf den Augenblick. Nur die Gegenwart ist ewig, keine andere Zeit ist es. Den Augenblick kann man weder vergessen, noch ist er tot. Denn sonst wärst du tot.

Solange wir im gegenwärtigen Moment sind, sind wir aus der Zeitmaschine ausgestiegen. Und schon sind wir vom Leid frei. Warum? Weil wir nicht bewerten und analysieren.

Nur der Augenblick – die totale Gegenwart – ist zeitlos.

Nur in der Abwesenheit von Zeit spüren und finden wir unsere wahre Existenz, unser Sein. Es gibt keine größere Vollkommenheit als das „Jetzt".

Das ist die erste Ebene des Glücks.

Glück, das einen Grund braucht, ist nur eine andere Form des Leids. Weil es jeden Augenblick damit vorbei sein kann, und erst dann spüren wir unsere Abhängigkeit, und Abhängigkeit führt immer zum Leid!

Das wahre Glück kennt und setzt keine Bedingungen.

Wenn wir im Augenblick bleiben, gibt es auch kein „nachtrauern". Ebenso brauchen wir nicht voraus in die Zukunft zu eilen. Denn dort stellen wir uns nur Bekanntes, Erlebtes oder Gesehenes vor. In Wirklichkeit ist das ganz große Wahre noch nicht da. Der Augenblick ist eine permanente Erneuerung. Er ist zeitlos, weil keine Zeit der Welt den Augenblick stoppen kann. Der Augenblick ist niemals alt, und aufhalten kannst du ihn auch nicht.

Jede Erfahrung der Zeit ist etwas Eigenes.

Zum Beispiel:

1. Wenn wir mit dem Geliebten zusammen sind, ist uns die Zeit zu kurz. Sie zerrinnt zwischen den Fingern.
2. Bei einem Blick über das Meer bleibt die Zeit stehen.
3. Bei einem Zeitpunkt für die Fertigstellung eines Hauses kann sie förmlich wie im Fluge vergehen.

Also, was für ein Phänomen ist die Zeit? Wenn du das Widersprüchliche in ihr verstehst, dann hast du bereits die erste Hürde geschafft.

1. Komm zurück in den Augenblick.
2. Wir wiederholen alles wie zuvor.

Mache mit!

1. Atmen!
2. Blick in den Körper!
3. Abwarten – bis ein Symptom erscheint!
4. Aufmerksames Beobachten!
5. Aufmerksam sein, bis das Symptom sich auflöst!
6. Abwarten, bis das nächste Symptom kommt!

Mindestens dreimal wiederholen.

Im Augenblick bleiben, ganz präsent, dadurch hast du auf den geachtet, der in dir alles hört, der, der deine Befehle, seien sie unbewusst durch Gedanken, Gefühle oder Worte, umsetzt und deinen inneren Heiler aktiviert.

Diese Übung machst du jeden Tag.

Einmal wirklich jeden Tag!

Das ist der erste Schritt zum wahren Glück!

VIII. Sophie Hellinger beantwortet Fragen zur Corona-Krise

Viele Menschen sind jetzt sehr verängstigt. Sie fürchten nicht nur zu erkranken, sondern auch ihre finanziellen Grundlagen zu verlieren. Wie kann man mit dieser Angst umgehen?

Sophie Hellinger: Wer sich jetzt zu viele Sorgen macht und nur noch den finanziellen Ruin vor Augen hat, verstärkt sein Feld und seine Gedanken und Handlungen in diese Richtung. Schneller als gedacht, werden dann diese Ängste zu einer sich selbst erfüllenden Prophezeiung.

Wohin führt uns diese Krise?

Sophie Hellinger: Als erstes können wir die Konsequenzen der weltweiten Vernetzung erkennen. Nichts und niemand ist für sich allein isoliert und getrennt. Wir werden förmlich überflutet durch die Nachrichten aus den Medien. Auf der einen Seite von dieser Lobby, die unsere Ängste noch mehr schürt. Auf der anderen Seite sind Stimmen zu hören, die uns dazu anregen, die ganze Pandemie unter verschiedenen Gesichtspunkten zu betrachten. Insofern werden wir jetzt mit Informationen oder mit Nachrichten überschüttet, die uns sonst wahrscheinlich nicht erreichen würden.

Zum Beispiel gab es weltweit vom 1. Januar bis zum 25. März 2020
21.297 Opfer des Corona-Virus,
249.904 Selbstmorde,
1.909.804 Krebstote,
9.913.702 Abtreibungen.
(Zahlen bis zur Drucklegung des Buches.
Quelle: https://www.worldometers.info/)

Wenn wir diese Zahlen reflektieren, dann steigt ein sonderbares Gefühl in mir auf. Es geht um Bewusstsein und Verantwortung, und beides können wir erweitern und lernen.

Im Chinesischen hat das Wort Krise zwei Bedeutungen: Krise im wörtlichen Sinne, aber auch Chance. Birgt die jetzige Situation auch eine Chance?

Sophie Hellinger: Ja, die Ganzheit hat immer beide Pole an sich. Eine Chance erwächst also aus einer Krise. In der jetzigen Situation sind wir gezwungen, uns wieder zu finden und uns auf das Wahre zu besinnen.

Wird sich das Leben nach der Corona-Krise verändern?

Sophie Hellinger: Nach meiner Vorstellung ist diese Corona-Krise ein Lehrmeister für jeden einzelnen von uns. Wir sprechen schon so lange davon, dass sich etwas verändern muss. Jetzt ist die Veränderung sehr schnell und sehr heftig gekommen. Unsere Vorstellungen von Veränderung, die nötig ist, haben uns förmlich überrollt. In diesem Sinne ist diese Pandemie ein effektiver und schneller Lehrmeister. Das Virus kennt keine Grenzen, keine Zeit, keine Religion, keine Kultur und keine Sprache.

Welche möglichen langfristigen Auswirkungen der Corona-Krise bereiten dir die größten Sorgen?

Sophie Hellinger: Sich Sorgen zu machen, ist nicht hilfreich. Aber wach zu sein und wach zu bleiben, ist bestimmt hilfreich. Dass es langfristige Auswirkungen geben wird, ist außer Zweifel. Nach dieser Pandemie kann nichts mehr sein wie früher, denn die Krise hat einen neuen Input gebracht. Sie hat auch gezeigt, wie klein und unbedeutend wir doch sind. Und wie schnell ist das, was uns wichtig erscheint, plötzlich nichtig und klein.

Wie kann deine Energie-Methode Cosmic Power® Menschen derzeit helfen?

Sophie Hellinger: Wenn im Augenblick überhaupt etwas helfen kann, dann ist es meiner Meinung nach die Cosmic Power®-Methode. Es geht darum, zu lächeln, denn dadurch können wir unser Immunsystem stärken, und wir sind dann weniger anfällig für die Einflüsse auf allen Ebenen. Ebenso erschafft die Meditation in uns ein Zentrum, eine Basis der Gelassenheit, der Ruhe und des Vertrauens. Das sind wiederum die nötigen Vorkehrungen, um in unserer Kraft, um in unserer Ausdauer und um positiv zu bleiben.

Was sollten alle aus der Corona-Krise lernen?

Sophie Hellinger: Dass alles vergänglich ist, dass wir auf nichts einen wirklichen Anspruch haben. Alles ist nur geliehen auf eine bestimmte Zeit. Wir kommen mit leeren Taschen und gehen mit leeren Taschen. Doch was uns bleibt, ist die Erfahrung und in diese werden wir jetzt gezwungen. Wenn wir freiwillig Kontemplation üben, uns besinnen, lächeln und danken, dann werden wir an Kraft und Zuversicht gewinnen und möglicherweise aus dieser Krise sogar einen Gewinn ziehen.

IX. Bibliographie

IX.1. Bücher von Sophie Hellinger

Das eigene Glück. Grundlagen zum Familienstellen. Band 1. Hellinger Publications, Bischofswiesen 2018.

Das eigene Glück. Grundlagen zum Familienstellen. Band 2. Hellinger Publications, Bischofswiesen 2019.

Familienstellen und Wissenschaft. Hellinger Publications, Bischofswiesen 2020.

Cosmic Power®. Hellinger Publications, Bischofswiesen 2020.

Erfolgreich werden, erfolgreich bleiben. Hellinger Publications, Bischofswiesen, voraussichtliches Erscheinen: 2020.

Die Paarbeziehung. Hellinger Publications, Bischofswiesen, voraussichtliches Erscheinen: 2020.

Fragen und Antworten zum Gelingen des Lebens. Hellinger Publications, Bischofswiesen, voraussichtliches Erscheinen: 2020.

In memoriam Bert Hellinger. Hellinger Publications, Bischofswiesen, voraussichtliches Erscheinen: 2020.

IX.2. Bücher von Bert Hellinger

Finden, was wirkt. Kösel-Verlag, München 1993.

Vom Himmel, der krank macht, und der Erde, die heilt. Kreuz-Verlag, Stuttgart 1993.

Familien-Stellen mit Kranken. Carl-Auer-Verlag, Heidelberg 1995.

Die Mitte fühlt sich leicht an. Kösel-Verlag, München 1996.

Anerkennen, was ist. Kösel-Verlag, München 1996.

Verdichtetes. Carl-Auer-Verlag, Heidelberg 1996.

Anerkennen, was ist. Zusammen mit Gabriele ten Hövel. Kösel-Verlag, München 1996.

Schicksalsbindungen bei Krebs. Carl-Auer-Verlag, Heidelberg 1997.

In der Seele an die Liebe rühren. Carl-Auer-Verlag, Heidelberg 1998.

Haltet mich, dass ich am Leben bleibe. Carl-Auer-Verlag, Heidelberg 1998.

Wo Schicksal wirkt und Demut heilt. Carl-Auer-Verlag, Heidelberg 1998.

Wenn ihr wüsstet, wie ich euch liebe. Knaur-Verlag, München 1998.

Wie Liebe gelingt. Carl-Auer-Verlag, Heidelberg 1999.

Was in Familien krank macht und heilt. Carl-Auer-Verlag, Heidelberg 2000.

Wo Ohnmacht Frieden stiftet. Carl-Auer-Verlag, Heidelberg 2000.

Kindliche Not und kindliche Liebe. Carl-Auer-Verlag, Heidelberg 2000.

Wir gehen nach vorne. Carl-Auer-Verlag, Heidelberg 2000.

Religion, Psychotherapie, Seelsorge. Kösel-Verlag, München 2001.

Mitte und Maß. Carl-Auer-Verlag, Heidelberg 2001.

Heilt Demut – wo Schicksal wirkt? Profil-Verlag, München 2001.

Liebe am Abgrund. Carl-Auer-Verlag, Heidelberg 2001.

Der Abschied. Carl-Auer-Verlag, Heidelberg 2001.

Entlassen werden wir vollendet. Kösel-Verlag, München 2001.

Ordnungen der Liebe. Carl-Auer-Verlag, Heidelberg 2001.

Die größere Kraft. Carl-Auer-Verlag

Die Quelle braucht nicht nach dem Weg zu fragen. Carl-Auer-Verlag

Mit der Seele gehen. Herder-Verlag, Freiburg im Breisgau 2001.

Liebe auf den zweiten Blick. Herder-Verlag, Freiburg im Breisgau 2002.

Der Austausch. Carl-Auer-Verlag, Heidelberg 2002.

Der Friede beginnt in den Seelen. Carl-Auer-Verlag, Heidelberg 2003.

Liebe und Schicksal. Kösel-Verlag, München 2003.

Ordnungen des Helfens. Carl-Auer-Verlag, Heidelberg 2003.

Gedanken unterwegs. Kösel-Verlag, München 2003.

Gottesgedanken. Kösel-Verlag, München 2004.

Das andere Sagen. Carl-Auer-Verlag, Heidelberg 2004.

Rachel weint um ihre Kinder. Herder-Verlag, Freiburg im Breisgau 2004.

Der große Konflikt. Goldmann-Verlag, München 2005.

Ein langer Weg. Kösel-Verlag, München 2005.

Liebes-Geschichten. Hellinger-Publications, Bischofswiesen 2006.

Dankbar und gelassen. Herder-Verlag, Freiburg im Breisgau 2006.

Erfülltes Dasein. Herder-Verlag, Freiburg im Breisgau 2006.

Innenreisen. Kösel-Verlag, München 2007.

Natürliche Mystik. Kreuz Verlag, Stuttgart 2008.

Glück, das bleibt. Kreuz Verlag, Stuttgart 2008.

Die Liebe des Geistes. Hellinger Publications, Bischofswiesen 2008.

Alles ist weit. Hellinger Publications, Bischofswiesen 2008.

Gedanken, die gelingen. Hellinger Publications, Bischofswiesen 2008.

Meine Geschichten. Hellinger Publications, Bischofswiesen 2009.

Wahrheit in Bewegung. Hellinger Publications, Bischofswiesen 2009.

Das reine Bewusstsein. Hellinger Publications, Bischofswiesen 2009.

Worte, die wirken 1. Hellinger Publications, Bischofswiesen 2009.

Worte, die wirken 2. Hellinger Publications, Bischofswiesen 2009.

Erfolge im Leben, Erfolge im Beruf. Hellinger Publications, Bischofswiesen 2010.

Erfolgsgeschichten im Unternehmen und im Beruf. Hellinger Publications, Bischofswiesen 2010.

Themenbezogene Unternehmensberatung. Hellinger Publications, Bischofswiesen 2010.

Geführt. Hellinger Publications, Bischofswiesen 2010.

Erfüllt. Hellinger Publications, Bischofswiesen 2010.

Angekommen. Hellinger Publications, Bischofswiesen 2010.

Gelebte Mystik. Hellinger Publications, Bischofswiesen 2010.

Aufgewacht. Hellinger Publications, Bischofswiesen 2010.

Einblicke. Hellinger Publications, Bischofswiesen 2010.

Rilkes Deutung des Daseins in den Sonetten an Orpheus. Hellinger Publications, Bischofswiesen 2010.

Das geistige Familienstellen. Hellinger Publications, Bischofswiesen 2010.

Ordnungen der Liebe. Hellinger Publications, Bischofswiesen 2010.

Die Heilung. Hellinger Publications, Bischofswiesen 2011.

Sonntagspredigten. Hellinger Publications, Bischofswiesen 2011.

Meditationen. Hellinger Publications, Bischofswiesen 2011.

Lebenshilfen aktuell. Hellinger Publications, Bischofswiesen 2011.

Spurensuche. Hellinger Publications, Bischofswiesen 2011.

Wegbegleiter. Hellinger Publications, Bischofswiesen 2011.

Glück, das bleibt. Neuauflage, Herder spektrum Verlag, Freiburg im Breisgau 2012.

Mitgenommen. Hellinger Publications, Bischofswiesen 2012.

Offen. Hellinger Publications, Bischofswiesen 2012.

Das neue Bewusstsein. Hellinger Publications, Bischofswiesen 2012.

Lichtblicke. Hellinger Publications, Bischofswiesen 2012.

Nehmen. Hellinger Publications, Bischofswiesen 2012.

Die Kirchen und ihr Gott. Hellinger Publications, Bischofswiesen 2013.

Erweiterte Lebenshilfen. Hellinger Publications, Bischofswiesen 2013.

Wege in eine andere Weite. Hellinger Publications, Bischofswiesen 2013.

Kindern in die Seele schauen. Hellinger Publications, Bischofswiesen 2013.

Erziehung heute. Hellinger Publications, Bischofswiesen 2013.

Neue Geschichten 1. Hellinger Publications, Bischofswiesen 2014.

Neue Geschichten 2. Hellinger Publications, Bischofswiesen 2014.

Neue Geschichten 3. Hellinger Publications, Bischofswiesen 2014.

Neue Wege des Familienstellens. Hellinger Publications, Bischofswiesen 2015.

Das Familienstellen im Dienst des Friedens. Hellinger Publications, Bischofswiesen 2015.

Höre, mein Herz. Hellinger Publications, Bischofswiesen 2015.

Lauter Liebe. Hellinger Publications, Bischofswiesen 2015.

Mein Leben. Mein Werk. Zusammen mit Hanne-Lore Heilmann, Ariston Verlag, München 2018.

X. Adressen

Webseite von Cosmic Power®
www.cosmicpower.de

Webseite
von Sophie und Bert Hellinger: www.hellinger.com

Mailadresse: publications@hellinger.com

Hellinger-Shop
CDs, DVDs und Bücher von Sophie und Bert Hellinger:
http://amazon.de/hellinger

Video on Demand: https://vimeo.com/hellingerpublications

Facebook: https://www.facebook.com/hellingersciencia

Youtube: https://www.youtube.com/hellingerschule

Auf der Webseite www.hellinger.com finden Sie weitere Informationen und alle Seminare der Hellingerschule weltweit.